方家驹 著

# 铺路

## 方家驹人生回忆录

復旦大學出版社

# 照片目录

一、师生情谊　　　　　　　　　　　　1
二、良师益友　　　　　　　　　　　　13
三、同窗难忘　　　　　　　　　　　　65
四、亲情海深　　　　　　　　　　　　80

# 一、师生情谊

由化学系主办的94级理科基地班二年级结束时合影

94级理科基地班四年级结束时合影(从普通班进入48名)

由数学系主办的 95 级理科基地班二年级结束时师生合影

由生命科学学院主办的 98 级理科基地班二年级结束时师生合影

9718（数学系）毕业照，其中有24名97级理科基地班数学专业同学

97级理科基地班王志强同学与方家驹老师合影

由化学系主办的 99 级理科基地班师生合影

94 级理科基地班留数学科学学院任教的姚一隽同学与方家驹老师 2025 年合影

94级理科基地班留校,现在教务处任职的林伟同学与方家驹老师2024年合影

95级理科基地班留物理系物理实验中心工作的俞熹同学(右一)与中心领导及方家驹老师2025年合影

95级理科基地班留生命科学学院任教的丁浈同学与方家驹老师2025年合照

94级理科基地班王海栋同学。王海栋,两次参加国际数学奥林匹克竞赛,曾获金牌,斯坦福大学计算机系博士。2016年回国创业,与合伙人一同建立了集微量化私募基金,规模达几十亿元,是国内量化期货基金中的佼佼者

由哲学系主办的95级(首届)文科基地班师生1999年毕业合影

95级文科基地班毕业留校任教的徐英瑾同学与方家驹老师2025年合影

由历史系主办的97级文科基地班师生2001年毕业合影

97级文科基地班毕业二十周年师生聚会合影

由中文系主办的 98 级文科基地班师生 2002 年毕业合影

98 级文科基地班毕业二十周年师生聚会合影

由哲学系主办的 99 级文科基地班同学合影

99 级文科基地班章可（右）、陈果（左）同学与方家驹老师合影

99级文科基地班谢晶同学与方家驹老师合影

文科基地班留校工作的部分女同学与方家驹老师合影

文科基地班留校工作的部分男同学与方家驹老师合影

98级文科基地班张玮同学与方家驹老师合影。张玮,《解放日报》原新媒体中心主任,后自主创业,现为作家、自媒体人。创作的《历史的温度》系列销量超350万册,另有多部著作在海内外出版,总销量超400万册。和团队研发的"馒头大语文伴读"系列深受全国孩子喜爱,付费用户超15万

# 二、良师益友

数十年后拜会1965年8月参加农村社教的复旦工作队领导周振汉同志

房东回访复旦大学

1975年下半年在崇明"五七"干校半年,何永保老师(中)任队长,不久出任计算机系首任系主任。五十年的友谊

同期"五七"干校方林虎老师任副队长,带着我们运物资。其历任电子工程系系主任、副校长、退休教师协会理事长。往事历历在目,友谊长存

1978年12月计算机工厂成立,乐伦富任厂长,我任技术副厂长。此照摄于2022年

1981年计算机组成实验仪用户推介会合影

单片机开发装置用户技术培训会合影

1983年工厂扭亏为盈。2009年计算机工厂老员工欢聚一堂

衷心感谢当年计算机系何永保(前排中坐)系主任创办职工业余中专

职工业余中专师生合影之一

职工业余中专师生合影之二

左起 王 健 裘卫民 江生和 郑 凯 郑 洁 陈连娥 蒋兰英 刘秋华 顾天珍 严 珩
左起 刘秋雯 李慧珍 朱惠琴 沈和平 金玲娣 黄逸敏 夏 原 顾蓓玲 朱 华 周 绮 张丽青
左起 楼绮洁 姚晓凤 顾 诚 赵金初 方家驹 褚幼令 周桂发 倪重匡 陈泽文 徐祥康 杨忠兴

2019年职工业余中专师生欢聚一堂

1984年10月,时任科技处处长兼科技服部主任沙麟推荐我任科技服务部副主任。2025年1月专程拜访老领导

时任校党委书记林克(前排左二)推荐我担任学生咨询科技开发中心顾问

时任副校长华中一(左十四)主持召开千岛湖科技工作会议合影

时任副校长强连庆(左四)、电光源专家蔡祖泉(左三)亲临绍兴电子管厂转让新型节能灯技术

科技开发总公司职工与家属在南京中山陵活动时合影

当年总公司所属光源公司为推广节能灯技术引进的朱克勤同志

带队参加首届全国技术成果交流会

交流会复旦大学展台

受科技开发总公司委派,前往香港引进港资,成立大陆高校首家中外合资公司

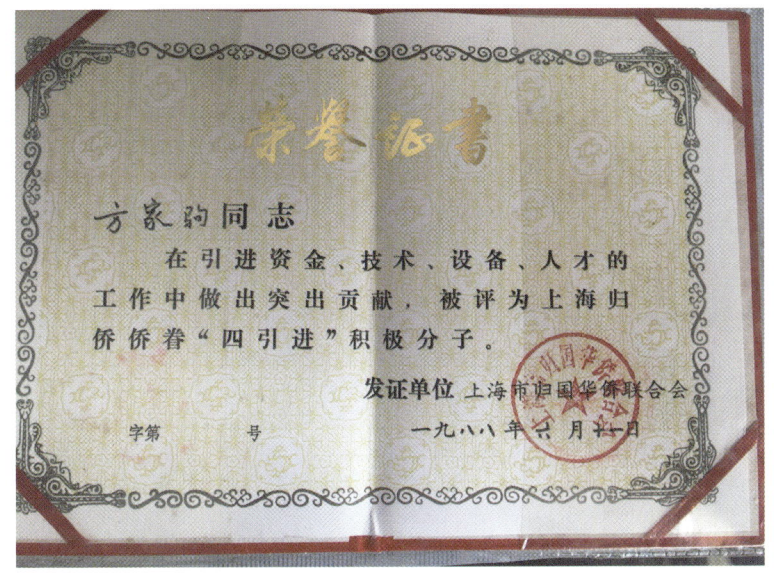

时任复旦大学统战部部长张才庚亲自申报"四引进"积极分子

1985年,李致勋教授(中)应聘担任生物技术公司顾问

一起出席在宜昌召开的生物技术专业会议

时任复旦大学纪委书记金兆良(左三)从1988年起统筹纪委、监察处、审计处和经管办,治理学校经济环境

经管办与监察处同志愉快合作

经管办与审计处同志愉快合作

与学校各部门、各单位同志加强日常交流

数十年一直得到校办原副主任蒋培玉各方面关心。庆贺蒋先生八十大寿

得益于复旦大学统战部原部长鄂基瑞数十年各方面的深度关心

与统战部各位领导合影

参加统战部组织的大型活动

与陈天平教授合影

与戚进勤老师合影

1995年暑期召开本科教育工作会议，时任校党委书记程天权到会，他是我晋升高等教育研究员的推荐专家，并为本书撰写序言

感谢时任副校长严绍宗（前排右四）和教务处处长孙莱祥（前排右五）及教务处全体同仁对本人工作的全力支持。感谢孙处长1999年做我晋升正高职称的推荐专家

蒋学模先生编著共十二版《政治经济学》教材

历史系金重远教授(中)、顾云深副系主任(右)

吴立德教授（后排左四）主持"计算机基础"课程建设，获国家级教学成果二等奖。团队部分成员合影

1994年12月到教务处工作，有幸与张浣葵老师（左二）同一办公室，受益匪浅

应邀到会做文理科基地人才培养方案介绍

参加在吉林大学召开的研讨会

非化学专业化学课程交流总结会：我校"化学与人类"受到好评

1999年李政道先生在我校本科设立"莙政学者"科研基金

时任副校长严绍宗决定将一半保送生名额用于招收基地班学生

奉命连续三年参加潘星龙（前排右三）领导的浙江招生

在本科教学工作中结下深厚友谊

复旦大学统战部原部长兼机关总支书记张宏莲同志(左一)等为教务处三位同龄人庆生

与臧德泉同志合影

退休后专门在复宣酒店望道餐厅招待数理化生文史哲教务员,并请教务处原副处长方晶刚(前排左一)和许平同学(后排右一)作陪

1993年起担任校房委会常委时合影

先后担任机关工会副主席、主席。2001年庆祝新一届任职聚会

与校工会领导聚会,左二为时任校工会副主席陈国栋

与时任校工会主席熊仿杰(中)合影,右一为杨兴海副主席

与时任校工会常务副主席袁继鼎(左一)、房委会副主任谢关根(中)合影

2001年新春茶话会上代表机关工会致辞

时任教务处处长委派我和徐红(右)为央视《百家讲坛》节目组织复旦老师做十次讲座

与央视策划王志清交谈

2002—2009年与陆靖共事七年。2025年再次相见

岳娟娟建议设立本科教育贡献奖被采纳。2025年再次相见,现为中文系党委书记

2005年复旦学院成立,受聘担任专职导师。留影之一

我的任务是为一年级学生开设导航系列讲座。留影之二

因导师工作于 2008 年受到学校关工委表彰

代表受表彰者发言

《复旦大学百年志》五人编写组:鄂基瑞(左五),刘文龙(左三),王增藩(左四),方家驹(右二),郑师章(左一)

学校领导慰问筹办百年校庆工作的部分老同志

1992年人事分配制度改革方案制定时共事的教务处原副处长陈建新

杜慧芳:从物理二系副系主任到校学工部部长,在工作中结下友谊

陆昉老师:2009—2012年第三位返聘我的教务处长,感谢他让我为复旦服务到71岁

徐红(右)、朱军(左):在教务处愉快共事

感谢三位教务处领导的关爱

邱维元教授：数学科学学院教指委主任

严峰：从数学系党总支副书记到复旦大学出版社社长，支持我出版这本书

吴敏敏：从复旦到上医，从工作到生活

钱益民:决定在《校史通讯》发表四篇文章,已经收在本书

张育:相识的第四任审计处处长

赵楠：一位外联处的朋友，给予我的复旦校友很多帮助

感谢招生办的全力支持

徐珂让我继续为复旦学生服务

讲座海报

2019年，在金山挂职的97级文科基地班高骐同学依据我建议的"高中-大学融合育人"主题，成功筹办了复旦—金山教育发展论坛

会上，时任复旦大学统战部部长赵东元院士等发表演讲。因会期我不在国内，故准备了视频发言在会上播放

与学校知联会会长邵正中(左)、统战部副部长葛庆华(中)合影

与统战部副部长周向峰(右)、副部长肖素平(左二)和高艳同志(左一)合影

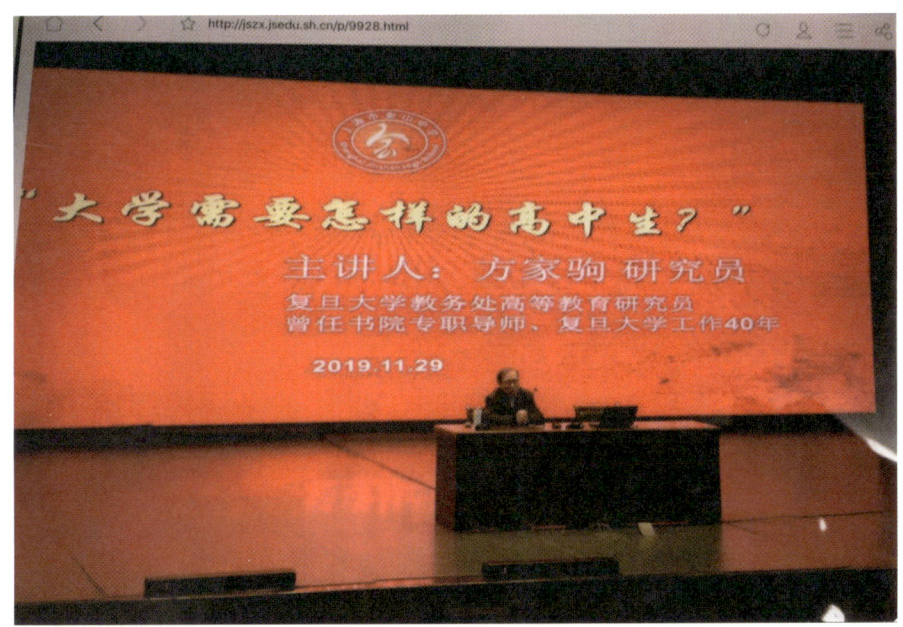

在金山中学做讲座

在复兴中学做讲座,并向学生赠书

2024年7月1日，复旦大学附属复兴中学正式挂牌（左六为陆磐良校长）

与复旦大学附属复兴中学领导合影

2025 年 3 月 10 日,给高二同学做讲座(台上)

2025 年 3 月 10 日,给高二同学做讲座(台下)

好友、复兴中学原校长陆磐良，退休后即应邀出任上海财大附中校长

与复兴中学相识多年的老朋友合影

复旦居民小区老教师议事会被评为复旦大学和凉城街道先进集体。前排左三为首任会长余子道,后排左五为居委沈丹书记,后排左六为第二任会长许君兴

议事会成立十周年。后排左三为第三任会长马彭年,后排左一为居委钱宏锋书记

小区特色"名师风采"

由居民小区周俊书记(左)发起,得到复旦大学财务处陆瑾副处长和中国银行三个支行的支持,新的 ATM 机重新工作

与财务处副处长陆瑾合影

与物理实验中心两任领导讨论支持新工科事宜
（左起：苏卫锋，马世红，方家驹，乐永康）

姜育刚副校长：我心中的新期待

余子道前辈：为本书作序

邹秀英：为本书撰写后记

陆俊杰：本书责任编辑

与老干部处处长徐宏波(左)、副处长孙燕华(右)合影

与退休处处长周桂发(右)、退休教师协会常务副主任姜良斌(左)合影

# 三、同窗难忘

复兴中学初三(4)班欢送华东师大实习老师合影

复兴中学高三(4)班合影

欢迎朱修立辅导员(左四,也是我的入团介绍人)回到复兴中学

回到母校之一

回到母校之二

回到母校之三

和姚晶校长重逢之一

和姚晶校长重逢之二

和姚晶校长重逢之三

毕业三十周年拜会名誉校长姚晶（前排中）、校长彭文怡（前排左）、班主任赵荷珍（前排右）

代表班级认养复兴中学新址树木时,见到名誉校长姚晶(中)和原副校长陆佩兰(右二)

教学楼前合影

南京旅游

招待部分外地返沪同学到舟山旅游

和复旦大学华中一老校长(中)愉快见面

王本和我

复旦大学数学系 65 届方程专门化(2)毕业生合影

复旦大学数学系 65 届毕业生与教师合影(局部)

百年校庆聚会

光华楼前合影

江湾校区合影

陪同老同学郑怀林参观江湾校区

在静安区政协聚会

2000年600号前合影

2000年光华楼大堂合影

欢聚之一

欢聚之二

特殊的相聚：偶遇胡爱本（前排右三），我晋升正高职称的校外推荐专家

周平:北京来客

王子丁:泉州好学友

# 四、亲情海深

1954年母亲与我们四兄妹合影

母亲与成年四兄妹麦丰里老宅合影

1976年5月结婚

全家福

岳父母全家福之一

岳父母全家福之二

1987年二姑母率三代人回到镇海柏墅方老家

在舟山会见大表哥方之果

2000年女儿结婚,两代人合影

我们夫妇与两个外孙女

2017年冬女儿一家回国探亲合影

2024年夏莫干山合影

庆祝大哥独子方嵘大婚

为家经妹和金凤大嫂八十岁庆生

2023年11月在北京与二哥欢聚

2023年11月在北京与二表哥方之昌、表弟方之昂等相聚

2023年在上海与大姨家的孙辈包雨、包丰、包匀等相聚

2025年春与包雨、包匀再次相聚

在宁波与惠珍表妹等合影

在四川与陈永迪等合影

2023年在北京庆贺甘源明表姐九十大寿

欢迎海外归来的大姑母家的宋家三姐妹

与大哥家两代人相聚

十年前的相聚

我家四兄妹与四叔家三兄弟

海内外的团聚

2024年5月家庭自组英国游之一

2024年5月家庭自组英国游之二

首访镇海骆驼实验学校

再访镇海骆驼实验学校

2025年5月再访骆驼实验学校

2025年5月拜访镇海区侨联

2025年5月拜访镇海区骆驼街道党工委

2025年5月访柏墅方社区

# 序 一

方家驹同志自传式的回忆文集书成，嘱我为之作序，以为推介，这对我无疑是一份极大的光荣。我就我所知写下以下的一些文字。

方家驹同志毕业于复旦大学，并留校工作一直到退休，现在已经80多岁。他本可休息，颐养天年，不用受累，因为要再著书写作实在不是一件轻松省力的事。但他有许多关于教育的经历、实践、思考想与大家分享讨论，所以不辞辛苦，写成篇篇文章呈献在大家面前。

方家驹同志1960年入复旦大学数学系，1965年毕业，是17年教育体制下受过完整教育的大学毕业生。而数学系又是复旦大学的王牌系，苏步青、陈建功、谷超豪、严绍宗、李大潜等数学家、教育家比肩成行。当时，留校工作，是品学兼优人才的首选，能留校工作的，也是学校青目有加的佼佼者。但由于工作需要，他留校后没有从事一线教学科研，而被安排从事科技和教务等管理工作。很多人认为可惜，但他同那时的绝大多数同志一样，欣然服从，并乐此不疲地一干就是47年，为教学、科研、科技转化做了大量组织、服务、管理、改革、推动工作。他的许多同学先后成为教学、科研一线的大腕，获得了在大学里大家价值观中的主流发展席位，被称为"某某家"。而他也毫不逊色地成了另一类的方家，在教学、科研管理方面兑现了自己的承诺，获得各方面的认可，有些被兄弟单位视作经验加以引用推广,对教育事业做出了自己的贡献。

　　大学与各行各业大同小异。学校的党政领导班子,特别是主要领导,他们负有重大育人责任,要坚持社会主义方向,为国家民族、为人民育才,培育能称作国家栋梁、社会楷模的优秀有用人才,为党领导的各方面事业努力奋斗,贡献才智能力。因此班子的同志要站高看远,谋划当下与未来的结合,更多地在提高质量、发展创新上下功夫。要倡导"博学而笃志,切问而近思"的专注探索精神,要蓄积人才成长的肥沃土壤,激励、引导青年、学者、专家为国家富强、人民福祉、社会进步实现自己的人生价值。这种教育理念和成人氛围的营造要成为全体领导者、管理者、服务保障者、教师、研究人员甚至全体学生的共识。在育人主体工作中,要把正确的三观教育,常识体系、专业体系、方法体系的培育,以及为适应未来社会而终身学习的习惯和能力培养、自律的生活和与人合作共事的能力培养、从容自信感受幸福追求幸福的能力培养作为大学教育的重要组成部分。大学要回应时代、国家、人民的重大关切,要对经济社会发展做出基础性、战略性支撑。学校还要有强大有效的后勤管理和保障服务系统,这是一个"名后实先,勤必有为"的重要系统,"保障至关重要,服务最为光荣",因此是学校不可或缺的。

　　方家驹同志接受组织安排,感受管理服务在整个学校运行系统中的重要位置,孜孜不倦,始终努力,令人钦佩。其实他也有过因家人、朋友的不理解而产生的思想斗争,但他一以贯之,持之以恒,将近半个世纪扑在了管理和研究工作之中。在教育教学的大改革和高质量发展中,他研究过去的成功与不足,设计改革方案,以求实的精神在实践上下功夫,并自任基地班班主任、导师,呕心沥血地耕作一块改革的试验田,等等,积累了一连串的往昔故事。

　　方家驹同志的回忆,简洁、实在、亲切,正如一个数学工作者的专业品质,清晰、明了、严谨,没有虚妄,没有渲染,是中国当代高等教育实践中的一朵浪花,一轮涟漪。从事教育工作的同志都不会轻易忽略这些,从事其他工作的人也会从中受到启发并产生联想。如今,方家驹同志仍老骥伏枥,每学期要回他的中学母校复兴中学一两次,给学生和家长做辅导报告。每次内容有新的充实和发展,总题目应是"面向未来、面向世界、面向现代化"。

方家驹同志为人谦和、友好,处事严谨、实在。与各方面同志相处,以成人之美、为人服务、共商解决为本,从不因在管理岗位上而居人之上,为难他人,更没有因"此树是我栽"而失去师道尊严。我个人在工作中得益于方家驹同志的支持和理解之处多多,没有老方和复旦无数师生员工的踔厉奋发和倾力支持,我必定蹩脚而不称职。我真诚谢谢各位。

希望各位读者与我有同样的感受:方家驹同志是一位认真出色的教育工作者,他的书充满真情实意和真知灼见。

复旦大学原党委书记　程天权

2025 年 4 月 10 日

# 序二　一代学子的教育报国路

## ——读《铺路：方家驹人生回忆录》

在复旦大学建校一百二十周年之际，方家驹先生撰写的新著《铺路：方家驹人生回忆录》，由复旦大学出版社出版。承蒙方先生的厚爱，我有幸阅读了这本回忆录的清样稿本。我和方先生是同时代人，都是复旦学子，又长期同在复旦工作，虽说他读的是理科，我读的是文科，但我们的经历、人生足迹有许多相似之处，我们的心是彼此相通的。通读全书，半个世纪多来的历历往事在脑海中重现，发自心底的感受和体会油然而生。这是一本内涵丰富、结构独特、文情并茂、思想深邃的诉说人生的纪实作品。作为一本回忆著作，本书不仅记叙了作者一生很不平凡的勤学、励志、创业之路，而且其中对于复旦大学在改革开放前后两个时期教育教学改革发展的忆述和反思，更是当年的亲历亲为者对相关史事做出的清醒的回眸和梳理，其史料价值和启示意义不言而喻。这是献给母校乃至教育界的一份珍贵的文化厚礼。

### 为高教事业发展"铺路"的真实写照

方先生的回忆录以"铺路"为书名，可谓画龙点睛之笔。以我的理解，"铺路"蕴含着为教育战线的同行者和后来者铺路架桥、开拓前进，共同为振兴祖国教育大业而努力的理念。从回忆录中,人们可以看到,方先生和教育事业结下了不解之缘,他数十年来孜孜以求地为教育事业的发展而操劳,倾注心血而从不停息。综观方先生为教育事业改革发展"铺路"的全过程,正如他在书中所说,经历"在复旦铺路"和"退休后铺路"前后两个阶段。这期间,艰难、曲折的跋涉,不同历史环境下的遭遇、磨难、转运以至兴起,跃然纸上,读来令人感奋。这对于方先生而言,真是所谓"路漫漫其修远兮,吾将上下而求索"。这本回忆录可以说是方先生"铺路"理念和实践的真实写照。

方先生"铺路"历程的前奏,可以追溯到他的青少年时期。他1941年生于人杰地灵、人文荟萃的浙江宁波镇海乡间柏墅方氏一族,源远流长,脉系繁盛,为浙东一带的名门望族。他从小就受到祖国优秀传统文化的熏陶,在方氏所办的著名的培玉小学接受了两年半的启蒙教育后,少年时告别故乡来上海投亲,在虹口江声小学就读,然后进入声名卓著的复兴中学学习。1960年,考入江南数学重镇复旦大学数学系。自小学到大学,从少先队员到共青团员,在新中国的阳光雨露的培育下,他茁壮成长,以品学兼优为努力目标。高中三年担任班团支书,大学担任了三年数学系学生会副主席,努力为同学服务。1965年从复旦大学数学系毕业时,母校选择了他留系工作,从此跨进了"铺路"之道,开启了他的教育人生。

在"文革"的特殊年代,作为一名正直的知识分子,方先生坚守在教学和科学研究的岗位,在磨难中奋进,在困境中突围。1968年方先生开始学习计算机知识,1975年转入复旦新成立的计算机系。自此,方先生兼具数学和计算机两个学科的专业素养,而且还直接投入了计算机生产线。十年浩劫过后,方先生迎来了教育和科学事业的春天。他先是出任计算机厂技术副厂长,随即又受命主持厂政,三年扭亏为盈。1984年,方先生奉调任校科技服务部副主任,又兼任复旦大学科技开发总公司总经理办公室主任和下属生物技术公司经理。1986年,复旦成立科技服务处,方先生出任副处长。自1988年下半年起,学校调方先生主持经济管理办公室工作,不久任命他为办公室主任。

1994年底,方先生主动要求转岗教务处,为参与复旦大学本科教育创世界一流服务,处领导安排他创建文理科基地班和课程教材建设两项工作。自2001年3月退休至2012年6月,方先生返聘于处长室,其间兼任复旦学院专职导师。

从回忆录中再现的方先生的教育人生,是如此地丰富多彩而变动不居。在六十多年的岁月里,他走过新中国的小学、中学到大学教育的全过程,经历从学生到教师、从受教育者到办教育者的角色转换。方先生在复旦工作的几十年,也是他为教育事业发展"铺路"的建功立业的年代。我认为他担当了三种角色,做出了三个方面的贡献。首先,他是大学里的人民教师,这是他的本色和本职。作为一名教师,他忠于职守,悉心于"传道、授业、解惑"而孜孜不倦,一贯秉持德、智、体、美全面发展的理念而从教。他视学生为子女亲朋,备加爱护和培育。他不但引领学生学好专业知识,而且强调"更为重要的是要学生学会学习、学会做事、学会做人"。其次,他是一个大学教育教学的管理工作者,这在相当长的一个阶段成为他的主要职责。他在学校的不少部门参与办学治教,工作涉及本科培养方案、学科建设、专业设置、教材建设、课程改革和师资建设等诸多方面,甚至还参与改善教师工资待遇的工作,为把学校建设成为一所世界一流大学而贡献自己的一份力量。再次,他是高等教育的一名研究工作者,把高等教育的理论研究作为自己的职责。他坚持理论与实际相结合、历史与现实相结合,借鉴中外、立足现实、面向未来,对高教事业的改革发展进行理论思考,提出分析建议。

## 探索高等教育办校治教之道

  回忆录中最为重要的,也为作者浓墨重彩书写的,是对高等教育办学治教的经验教训的梳理和探讨。方先生作为一名资深的高校教育工作者,立足几十年的教育实践,具有来自第一线的教育教学改革的体验,积累了实际的经验教训,而且对高教事业的发展从理论上做出思考,这就为他探索高等教育办校治教之道提供了坚实的基础。方先生站在历史的高度,回眸以往教改的是非得失,梳理出引人深思的正反两个方面的经验,从而提出了他对于振兴教育事业、建设教育强国的意见和建议。这可谓这本回忆录中最具价值的组成部分,成为全书引人注目的一个亮点。

  从实践层面而言,早在复兴中学就读时,他作为一名学生代表参加了1958年的"教育大革命",这可以说是他亲历教育改革的开端。1960年入学复旦大学数学系时,该系正在进行一场为时不长的数学专业教学改革。1968—1978年,方先生进入计算机专业,边干边学,参加首届计算机专业学员的教学工作,有一个时段在学员中实行"典型产品教学",这是特殊时期理工科教学改革的一次探索。改革开放新时期的到来,开辟了高等教育改革发展的新局面,一系列新的改革和发展举措纷纷出台。方先生有幸躬逢其盛,在改革开放的历史大潮中大显身手。他积极参与学校的科技体制改革和人事分配制度改革。如果说上述改革尚属高校改革的外围战,那么主持文理科基地班,则使他进入了教育改革的主战场。从1994年开始,复旦为加强基础学科的建设和优化基础学科人才的培养,先后创办了数、理、化、生四个专业的理科基地班和文、史、哲三个专业的文科基地班。方先生作为基地班的实际主持者,参与和见证了有关决策、实施和检验的全过程。这是我校本科教育教学改革进程中,一次获得显著成效的人才培养模式的创新,是学校本科教育创世界一流的一次成功实践。

方先生对于教育事业改革发展的探索和研究,可以说是达到了一以贯之、殚精竭虑的境界。他退休以后又被返聘了11年之久。离开复旦工作岗位以后,他仍然关注着学校教育的改革和人才培养问题。尽管人到晚年,他还是念兹在兹,结合对以往实践经验的反思和对现实情况的分析,满怀始终不渝地为祖国教育事业"铺路"之初心,多次向有关领导同志条陈建议、献计献策。2016年5月,他向时任复旦大学校长许宁生等同志提交《复旦大学本科教育何时达到世界一流》一文,就复旦本科与国外一流教育的几个主要方面进行比较研究,着重分析我校的不足,以求大力改进,迎头赶上;2020年5月,致信复旦学院院长吴晓明等同志,提出《本科教育培养方案需要做实》的建议书;2021年5月,向在上海作教育工作考察调研的时任全国政协主席汪洋同志,提交了《关于全面深化教育改革的建议》,其中涉及全面建立社会主义现代化教育体系的有关问题的十项建议,言简意赅,不乏真知灼见,是方先生长期以来对这些问题的实践经验的概括和理论思考的结晶;2023年2月,致信上海市委书记陈吉宁同志,提出《上海市新时期教育改革建议方案(2023—2027)》,就今后五年全市的义务教育、高中教育、高等教育的改革发展做了评析,提出对策,特别是主张上海要再次进行教育改革的试点,在全国先行先试;2023年4月,致函新任复旦大学党委书记裘新同志,为"复旦大学本科教育2025年达到世界一流的目标如期实现"提出建议。在回忆录中,我们看到方先生发自内心的期待:"我一生的最大愿望是看到有一天中国成为世界教育强国。"直到晚年,他依然在不断地进行研究思考和建言献策,就是为着实现这个宏伟目标而尽自己的一切心力。

## 深邃的人生感悟启迪后人

方先生的回忆录以厚重的篇章和议论风生的笔触,深切而真挚地诉说几十年来的人生经历和心路历程,梳理出了足以启迪后人的人生感悟。这可以说是从一个侧面呈现了一个以振兴教育、作育人才为毕生职志的爱国知识分子的精神风貌和道德情操。如果说,回忆录中的"在复旦铺路"和"退休后铺路"主要叙述的是作者对教育教学工作实践的历史回顾总结,以及对于教育教学改革发展问题所做的理论思考,那么"心路历程"呈现于我们的则是作者从几十年社会实践中感悟到的为人处世的正道。

从回忆录中,我领悟到的首先是方先生对做人、做事、做学问的人生哲理的感悟。在做人、做事、做学问当中,首要在于把握做人的道理,把人的思想理念、品格和道德的基础打牢立正。正如书中所说,人是有思想的,人的行为是受思想指导和支配的,所以我们必须掌握正确的世界观和方法论,作为我们社会实践、办事治学和为人处世的指针和向导。方先生十分注意学习马克思主义哲学,不仅自己身体力行,也努力引导学生努力学习和掌握辩证唯物主义和历史唯物主义的立场、观点与方法。

回忆录呈现的人生感悟的一个重要方面,说明作为一个教育工作者和学术研究者应当拥有相关的诸种学科的素养。以方先生自身而言,正如书中所说:"我一生得益于三种学科。一是数学学科……二是哲学学科……三是计算机学科。"简言之,数学学科的学习,给予了缜密的逻辑思维的训练、数学建模的思想和定量分析的方法;哲学学科的学习,培养了学习和运用马克思主义唯物论和辩证法的思想方法;计算机学科的专业训练、程序设计的学习和自动控制理论的学习,极有益于提高从事各项工作的设计、执行、修正、推进等的治理能力。方先生以自己的实践经验告诫后来者,做人、做事、做学问都应当打好专业学科的基础,兼具相关诸种学科的素养。

回忆录寓真情于感悟之中。情感是滋养人的精神的重要因素,是凝聚各方面力量的重要纽带。我觉得方先生十分看重亲戚、朋友、同事、同志之间的情感,强调一个正派的人要有爱心,爱祖国、爱人民、爱共产党、爱社会主义事业,要懂得敬畏、懂得感恩。在他书写的人生感悟中,处处抒发出他对亲人、对母校、对老师、对学生、对同事、对朋友的真挚的感情,对于曾经培养和指导过自己的领导同志,更是牢牢地铭记在心。在这里,有其对生母养育之恩的刻骨铭心的终身铭感;有对母校复兴中学和复旦大学的感恩戴德;有对江声小学林健根老师,复兴中学姚晶老师,复旦数学系陈传璋、谷超豪、夏道行、郑绍濂等教授的铭感;有对亲密合作共事的乐伦富、叶家瑳等同志的感激;有对复旦党政领导林克、谢希德、钱冬生、华中一、强连庆、汪幼兰、严绍宗、程天权、秦绍德、孙莱祥、包信和等同志,以及被方先生尊称为"伯乐"的沙麟同志的感恩之情。大爱成就大业,从这个意义上来说,方先生数十年来能够做成一些对社会有价值的工作,是与他对同事、对师友、对领导的真诚的友谊和亲切的情感分不开的。

《铺路》一书是方先生在教育报国之路上数十年奋斗的真实写照。在这里,他回眸往事,检阅人生,字里行间抒发着作为一代学子以教育报国的拳拳之心和作为一名人民教师的自豪,也寄托着对建设一个教育强国的殷切期望。《铺路》展示了新中国一个办学治教者的教育人生,体现了一个献身教育事业的学人独特的为人、为学、为师之道,也以历史洪流中的个体视角折射出自20世纪下半叶以来我国高等教育的历史变迁。《铺路》为一个时期复旦的教育教学改革留信史,为一代莘莘学子的贡献做记录,为开辟高校工作的新局面开思路。阅读《铺路》,是对以往高教工作历史经验的重温,也是享受一场高尚的精神洗礼。

祝家驹先生晚年幸福,愿《铺路》精神发扬光大。

复旦大学历史系教授　余子道

2025年3月

# 目　录

## 一　在复旦铺路

方家驹自述　　3
创办科技服务部和经济管理办公室的回忆　　7
文理科基地班：复旦本科创世界一流的一次有效实践　　14
名师名课名教材是建设一流本科的基石　　27
复旦大学文科基地班办学亲历记　　39
复旦大学重视培养应用型人才亲历记　　44
我与复兴中学　　47

## 二　退休后铺路

复旦大学本科教育何时达到世界一流？　　53
本科教育培养方案需要做实　　63
期待复旦大学本科教育2025年达到世界一流的目标如期实现　　67
致汪洋　　69

| | |
|---|---|
| 关于全面深化教育改革的建议 | 71 |
| 就当下教育问题致陈吉宁同志 | 78 |

## 三　心路历程

| | |
|---|---|
| 家驹人生感悟之一 | 85 |
| 家驹人生感悟之二 | 90 |
| 家驹人生感悟之三 | 99 |
| 家驹人生感悟之四 | 102 |
| 家驹人生感悟之五 | 113 |
| 我的家乡柏墅方村 | 121 |
| 住新居　忆往昔　展望未来 | 132 |
| | |
| 附：方家驹简历 | 143 |
| 后记 | 144 |

# 一 在复旦铺路

# 方家驹自述

## 一、小学和中学的求学历程

1941年3月,我出生于浙江省镇海县(今宁波市镇海区)农村,在家排行第三,上有两个哥哥,下有一个妹妹。父亲年轻时为减轻家中负担,去上海打工,我们兄弟三人跟随外婆生活在乡下。

在农村读了两年半小学后,1950年春节刚过,我到上海投奔父母。到秋季开学,插班到私立江声小学,重读三年级。这是一所只有半个篮球场的小学。一个穿着蓝布长衫,剃着平头的傻男孩,到了大上海,很茫然;进了上海人的小学,更不知如何面对。幸运的是,数学老师兼班主任林健根先生改变了我的命运,他的数学课深深地吸引了我,几个数学成绩最好的同学为了争第一,暗自较劲儿竞争。期末时,我以平均成绩76分获得全班第一名。奖励是减免学费一半:22个人民币折实单位。我的父亲当时在一家工厂担任会计,他第一次对我刮目相看了。

四年后,我和另一名同学考进了上海市重点中学——复兴中学初中部,我的数学启蒙老师林健根先生也顺利考上了华东师范大学数学系。1954年我加入少年儿童队,1956年加入中国新民主主义青年团,并担任副班长。我的两届班主任都是数学老师,巩固了我对数学的爱好。当时上海的中考和小升初考试很难，录取率很低，我们班只有22名同学升入复兴中学高中部，我是幸运儿之一。高中期间，我担任了三年班级团支书。1957年的团九大已经更名为共青团，还首次有了团徽。

复兴中学的姚晶校长有三角王之称，亲自为我们班上三角课。他用一个单位圆让我们牢牢记住了那么多三角公式。编写教学参考书的赖云林老师开设的立体几何课，也让我们佩服得五体投地。1958年复兴中学成为全国先进，校长出席了全国教育群英会。1960年，时任中共上海市委教卫部长兼复旦大学党委书记的杨西光同志决定复兴中学成为复旦大学附中，现在的复旦附中当时还是工农预科。杨西光同志做这个决定的目的是做好高中和大学的教学衔接。我有幸作为复兴中学的学生代表，跟随姚晶校长参加了复旦大学副校长苏步青教授主持的座谈会，会议还有一项议程是姚晶老师在我们班试讲平面解析几何，也就是此时，我坚定了报考复旦大学数学系的志愿。

## 二、学在复旦

1960年8月我考入复旦大学数学系，读数学专业数理方程专门化，学制五年，是标准化的科目化教育。数学分析、高等代数、函数论和泛函分析课程给予学生严密的逻辑思维和抽象思维训练；解析几何、微分方程、概率论课程和毕业论文给予学生理论联系实际的能力训练。

我1968年至1978年在计算机专业学习，边学边干，按现在的说法这叫项目教育：当时学校的教学环境是学校办厂，厂带专业，对学生实施典型产品教学。我所在的四一工厂计算机生产线招收了全校首届计算机专业工农兵学员。我本人通过担任三年印刷电路板生产组长、参加四年集成电路布线专用计算机设计制造和四年线切割机自动编程应用软件设计而成为一名计算机系的教师。

通过数学和计算机两大专业的学习,我领悟到学会学习、学会提出问题和解决问题是高等教育的目标。在此期间,我还接受了人生教育和社会教育,五年本科学习期间,系统的政治理论课、下乡劳动和社会工作令我受益甚多:马克思主义哲学、政治经济学和科学社会主义是形成三观的理论基础;大一开始的崇明围垦,每年三次的下乡劳动,以及参加"小四清",亲身体验了体力劳动,接触了农村和农民;担任年级团总支委员、数学系学生会副主席到政治学习小组长(大五),培养了为人民服务的观念和能力。我毕业留校以后立即参加了为期一年的农村"社会主义教育",1975年又到崇明"五七"干校锻炼半年。我认为这是接受了生动的社会大学的教育,对我的人生影响深远,受益匪浅。

### 三、复旦职业生涯

1975年,复旦大学计算机系成立,我们数学系和物理系的一部分教师划归系里,我被分配到计算机生产线。1978年12月,学校决定计算机生产线整体划归新组建的生产物资管理处,并且更名为计算机工厂,主要产品是小型多功能计算机,任命乐伦富为厂长,我为技术副厂长。两年之后,随着集成电路和计算机技术突飞猛进以及国家实行开放政策,我们计算机工厂的产品完全滞销,此时,厂长又突然调离,学校让我主持计算机工厂的工作。我们面临散伙还是开发新产品的艰难选择,经过全厂50多位职工一年多的努力,工厂引进了由计算机系涂士亮老师开发的计算机组成实验仪和单片机开发装置二型两个新产品,全厂上下齐心协力,终于在1983年完成了产品转型,实现扭亏为盈。

1984年上半年,我奉命调至学校科技处,担任科技服务部副主任。1986年复旦成立科技服务处,3月我被任命为副处长,分管院系的科技服务组织工作和收入分配,同时兼任复旦大学科技服务总公司的经理,分管筹建光源公司和生物技术公司。1988年我晋升高级工程师。同年9月,学校经济管理办公室叶家瑳主任因病需要休息,学校调我前去主持工作,并于1991年任主任。工作范围包括全校各类单位的收入分配制度改革,校内各类收费标准制订,配合政府整顿经济秩序。校办企业也进行整顿,学校建立了校办企业统一管理机构。同时,学校进行五个院系的工资总额包干,我也参与了学校人事分配制度改革方案制订和组织实施。

1993年5月,学校决定撤销经济管理办公室,我一面移交工作,一面等待新的工作安排。经本人请求,1994年12月到教务处工作,负责文理科基地班创办和管理,以及本科课程教材建设工作。1999年11月我晋升高等教育研究员,2001年3月办理退休,此后学校聘任我在教务处处长办公室工作至2012年6月。其间,2002年我兼任《复旦大学百年志》编写组五成员之一,至2005年正式出版;2005年9月至2012年6月兼任复旦学院专职导师。

# 创办科技服务部和经济管理办公室的回忆

方家驹口述　崔璐整理

刊登于 2020 年 12 月 31 日《校史通讯》总第 147 期

在 20 世纪 80 年代至 90 年代初,复旦大学曾经设置过科技服务部（处）和经济管理办公室两个机构。同时在两个机构任职的叶家瑨同志已经过世多年,现在尚在世的就是方家驹了。《复旦大学百年志》上对这方面的记载甚少,因此有必要做些回顾,作为补充。

## 一、设立两个机构的过程

20 世纪 80 年代初,中共中央发布了关于经济体制改革、科技体制改革和教育体制改革三个文件,以经济建设为中心和科学技术面向经济建设主战场,允许高校向社会提供科技服务取得收入作为教职工的工资外收入。80 年代初,上海市政府同意为高校教职工发放每人每月 6 元奖金。上海市高教局和各高校在 1982 年设立了科技服务部。1987 年 8 月,学校为进行人事分配制度改革,成立了经济管理办公室。

## 二、科技服务部和科技服务处

1982 年,复旦大学科技服务部成立,科技处叶家瑨副处长兼主任,成员仅卞正才同志一人。据卞正才回忆,上海市高教局在 1982 年初组成了由包芝伦处长担任主任的科技服务办公室,并由部分高校同志参与联合办公,复旦大学科技处委派张菊娣和卞正才先后参与,由上海六所高校推动国家出台科技服务收费。1982年4月26日,财政部、劳动部发文同意科技服务收费,且可提取一部分作为参与人员的科技服务津贴。以此为依据,学校到宝山县进行了科技服务工商和税务登记,并在学校财务处设立了经费编号和经费本。1982年,由卞正才同志经手,复旦大学和上海市侨办下属华建公司合资开办了全国高校第一家实体公司——华复科技咨询公司。

80年代初,上海市人民政府发文,高校教职工可每人每月发放6元奖金,但是与企业的奖金发放标准差距仍不小。"造原子弹的不如卖茶叶蛋的"引起政府高度重视。我校教授在"解放论坛"发文:《给知识分子一份体面的待遇》。1984年初,上海市政府决定,高校教职工可以每人每年有4个月平均工资的奖金。当时月均工资为135元,市级文明单位还可加半个月。也就是说,复旦教职工每年的奖金可以从72元一下子提高到607.5元。在大家都很高兴之时,可难坏了当家人——奖金要依靠科技服务创收来筹措。

1983年1月,谢希德教授出任复旦大学校长;1984年3月,清华大学原党委书记林克调任复旦大学党委书记。1984年6月,科技处原处长徐余麟调任出版社社长,叶家瑎副处长调任财务处处长。学校任命沙麟同志担任科技处处长。1984年11月,学校决定沙麟兼任科技服务部主任,陈苏阳任第一副主任,方家驹、杨根元为副主任,调来4名专职干部,84届选留3名大学生。学校成立了以林克同志为组长、华中一副校长为第一副组长、党委常委强连庆为第二副组长的科技服务领导小组,强连庆同志分管科技服务部工作。新办公楼的302党委会议室改建为科技服务部的办公室。1986年2月,科技服务处成立,学校任命陈苏阳为处长,方家驹、杨根元为副处长,由强连庆副校长分管。

1984年11月，由复旦大学投资67万元人民币的复旦大学科技开发总公司成立。学校任命沙麟为总经理，陈苏阳为副总经理，方家驹、杨根元为经理。1986年5月，全国高校第一家中外合资公司上海华裕科学技术有限公司成立，投资总额为60万美元，由复旦大学科技开发总公司和香港海裕有限公司出资各半，并在上海和香港两地注册。

我在1984年从生产物资处计算机厂调入科技服务部。记得沙麟同志第一次和我谈话，问我怎么会来这里。我说是乐伦富找我谈话，说要调我到学校机关工作。乐伦富时任生产物资处处长，我俩曾经分任生产物资处下属的计算机厂正副厂长，后来他去计算机系担任总支书记，我接他的班，任主持工作的副厂长。我是服从上级决定来科技服务部的。沙麟同志告诉我，学校要通过科技服务创收为教职工发奖金，党委书记林克同志亲自负责。党委决定从基层抽调三位干部，郑子文副书记推荐了陈苏阳，强连庆同志推荐了杨根元，沙麟向谢校长推荐了我。因为通过引进新产品，我把计算机厂扭亏为盈，他觉得我适合。我记得，沙麟同志从美国做访问学者回来，我们是在第三食堂一起吃午饭时认识的，每次都是快一点钟了，食堂就剩下我们两个人。真没想到，是他给了我这个为学校服务的机会。在我们三个人分工时，陈苏阳负责总公司，杨根元帮蔡祖泉师傅筹建电光源公司，杨是无线电专业毕业的，懂得节能灯的触发器技术。这样我就分工组织院系的科技服务创收工作了。

我到学校机关工作了十年。前五年任科技服务部副主任，1986年2月起任科技服务处副处长。后五年到经济管理办公室，从主持工作到担任主任，直至1993年办公室被撤销。

### 三、科技服务工作的实施

（1）政府部门的有力支持。上海市高教局科技服务办公室组建了上海高校科技服务政策研究会，由高教局科技服务办公室包芝伦主任担任会长，全市各高校的科技服务部负责任人为成员。大家推举复旦的人为副会长，理由是复旦大学办事比较稳妥，创收能力也较强，在各高校中有代表性。成立后的第一项工作就是拜访市工商局、税务局和财政局，争取政策支持。由于复旦和上海交大出面了，各局领导都亲自接待。工商局同意各高校可以申领科技服务营业执照，刻制科技服务合同专用章。税务局同意高校科技服务收入免缴营业税和所得税。财政局同意按科技服务毛收入可以提取 30% 劳务酬金，由高校统筹发放。由此实现了林克同志说的：不给钱就给政策。

（2）学校制订院系、机关和公共服务部门的科技服务任务和收入分配办法。明确教学科研单位是主体，成人教育学院和国际文化交流学院是重点；有关部处要积极组织，同时严格把关；公共服务部门可结合业务开展科技服务；在收入分配中兼顾直接人员和间接人员，稳定承担计划内教学科研人员的收入。

（3）经过 4 000 多名教职工的共同努力，我们用 3 年多的时间，科技服务年收入达到了 1 000 万元，可分配酬金 300 万元，奖励基金 240 万元，保证年人均 600 元的奖金，使得 4 000 多人的人均年奖酬金达到 1 350 元，相当于 10 个月的人均工资。重要的是科技服务工作奠定了高校的社会服务功能，使社会直接受益，在校内也得到了多数教职工的认同。横向科研和纵向科研成果、计划外和计划内教学得到相同的对待。

（4）科技服务的财务实行学校一级管理。各院系有酬金、奖励基金和发展基金的支配权。科技服务项目实行项目负责制。在项目负责人和院系分管领导签字、报校科技服务分管部处长审核后，对外签订合同。实践证明，这样的责任制保证了项目按时按质完成，调动了教职工和院系的积极性。财务的集中管理，使学校可以收取毛收入 20% 的管理费，增加了收入，弥补了学校经费的不足。校财务处按政策将预算外收入的资金进行融资，又增加了一大笔收入。资金的集中管理还保证了资金的安全且减少了财务违规行为。在院系纷纷兴办公司的浪潮中，相当部分是为了争财权：一是可不缴管理费；二是独立对外经营是把双刃剑，发生了不少违法违规事件，造成了学校的资金和名誉损失。

1988 年 12 月，华中一出任校长。1992 年 11 月，学校决定将科技服务处并入科技处，工作人员有三位并入科技处，大部分同志留在了科技开发总公司。

### 四、成立经济管理办公室

1987 年 8 月，为了实施人事分配制度改革，学校成立经济管理办公室，由财务处原处长叶家璁任主任。其首项工作是选择数学系等五个院系试点人员工资总额包干，对缺编单位实行平均工资额补贴，超编单位收取补偿费。1988 年 9 月，叶家璁因健康问题需要休息，学校决定调我主持工作，并明确身份不变，但是不再承担科技处工作。1991 年，学校任命我为经济管理办公室主任。

（1）五个单位的工资总额包干试点工作，其中四个是缺编单位，只有一个电子工程系是超编单位。按照教育部的定编标准计算计划内教学科研和行政人员编制数，按照全校年平均工资额计算缺编的工资总额，发给缺编单位，他们当然很开心。困难在于超编单位要上缴科技服务收入给学校。在全校没有实施时，对试点系就无法实施了，所以实际上是学校每年只补不收。1993 年全校人事分配制度方案通过并实施以后，此项试点自然停止。

（2）全校的工资外收入分配改革。自我到任以后，全校的这项工作明确由经济管理办公室会同财务处负责。学校成立了以强连庆副校长为组长、汪幼兰副校长为副组长的经济工作领导小组。决定全校各单位按工作性质分为五大类：教学科研单位、党政机关、公共服务单位、后勤承包单位和企业单位。前面三类实行科技服务分配，后勤部门实行经费总额包干，校办企业实行企业财务结算分配制度。

（3）整顿治理经济环境，建立有关制度。由于学校经济活动大量增加，因此管理工作必须及时跟进。例如，华中一校长要求校内的商业网点不能进入教学科研区，校门两侧只能设银行和邮局。上级部门经常下达治理经济环境的任务，经管办是主要执行部门之一。校内违纪违规事件也要参与调查，并且要求及时建立制度。

（4）按照上级指示，对全校公司通过治理整顿和重新登记，于1991年8月建立了以强连庆副校长为主任的校办产业管理委员会和校产管理办公室。80年代，校办公司如雨后春笋，许多院系和部门纷纷成立公司，连外文系也成立了外文服务公司。因为都是独立法人，所以都有独立经营权和独立财务权。监管工作主要由审计处、财务处和经管办分工承担，不定期接受政府有关部门的财税物价大检查，及时发现问题并报告学校领导加以处理，以维护学校的声誉。教育主管部门专门发文整顿乱办班、乱发文凭和乱收费。我们三个部门又花了很多精力，在深入调研的基础上制订了详细的管理制度。

（5）参与制订人事分配制度改革方案。经过南京大学和东南大学的第一批试点和原华东化工学院等的第二批试点，第三批是所有院校全面推开。我校由党委书记钱冬生亲自主持，严绍宗副校长代表行政参与领导，并建立了领导小组，人事处、财务处和经管办是主要工作单位，当时严副校长分管财务处和经管办。这项工作的重点在各院系，钱书记在自己的办公室逐个院系听取汇报。我旁听并认真做记录，为的是能够提出我们的方案。记得当时的分工是：财务处提出所需的资金方案，人事处提出人员聘任方案,经管办提出收入分配方案。1992年,学校正式通过方案,1993年试运行。

1993年5月,学校决定撤销经管办,其职责分别纳入人事处、财务处。全国高校中仅有北大和复旦设置过经管办。北大第一个成立,第一个撤销;复旦第二个成立,第二个撤销。成立过科技服务处的大学仅有复旦一家,而同时在这两个部门工作过的人,可能只有叶家瑭和我了。经管办从成立到撤销,始终只有一名工作人员,这在复旦的历史上可能也是少有的。

# 文理科基地班：复旦本科创世界一流的一次有效实践

口述：方家驹

采访人：钱益民　肖慧

时间：2018年11月8日

地点：复旦大学十号楼105室

整理：肖慧（高等教育研究所2018级硕士）

方家驹，复旦大学教务处高等教育研究员，有40多年的在校工作经历。1960年进入复旦大学数学系攻读本科。时系杨西光书记领导下，复旦大学已经成为江南第一学府。

1995年复旦大学90周年校庆时，杨福家校长第一次提出要把复旦大学办成世界一流大学。江泽民同志为复旦大学校庆题词"面向新世纪，把复旦大学建设成为具有世界一流水平的社会主义综合性大学"，明确提出了建设世界一流大学的历史任务。我曾在科研处和科技服务处待了6年、在经济管理办公室待了4年，正值学校提出这个号召，我认为复旦只有本科是最接近世界一流大学水平的。为什么这么说呢？1984年我到复旦机关工作的时候，时任校长是谢希德，此时复旦本科的学历和学分得到了美国一流大学的认可，这说明我们培养的一部分学生已达到世界一流标准。那现在我们要做的，便是把这个成果扩大、比例提高。在严绍宗担任复旦大学党委常委、副校长时，他既主管教学，又主管财务经济。我便向严校长申请调到教务处，于1994年12月报到。到岗后，严校长分配了两个任务：一是创办文理科基地班；二是组织课程教材建设。我为能参与和见证基地班的所有决策和执行过程而开心，对于文理科基地班的建设和人才培养，我深有体会。

## 一、为什么要办文理科基地班

1990年，教育部在兰州召开理科教育工作会议。会上，苏步青、王竹溪、唐敖庆、张维、程守洙、彭泽民等联名给江泽民总书记写信，建议一定要重视基础学科建设、加强基础学科的人才培养。由于当时市场经济得到发展，学生偏向金融、计算机，数理化被冷落，所以保障生源质量很困难，并且数理化学科的经费也得不到支持。而后在江泽民总书记的重视下，李鹏总理从总理基金里拨款3亿元人民币，以启动"理科基础学科科学研究与教学人才培养基地"。具体是指有条件的学校向教育部提出申请，再由教育部进行评估，确定哪所学校、哪个专业可以申办。当时第一批被批准的专业点全国不过十余个，复旦大学的生物学成功获得批准。紧接着第二批，复旦大学的数学、物理、化学都获得了批准。在理科基地班基本进入正轨后，教育部决定扩大到文科基础学科。复旦大学的文、史、哲三个专业点获批成为文科的人才培养基地。

当复旦大学着手开展基地建设工作时，严绍宗副校长主管这件事，他提出两条要求。一是学校要按照教育部的要求拿出相应经费，进行1∶1配套。当时基金和教育部给予理科是一年30万元，后来增加到60万元，那么学校也就相应地给予1∶1配套经费。这个钱拿来做什么呢？理科主要是购买图书资料和实验仪器，文科主要是购买图书资料。二是决定开办文理科基地班，进行人才培养。

## 二、文理科基地班的具体实施措施

基地班具体怎么做呢？首先，成立了理科领导小组和文科领导小组，理科领导小组由教务处副处长、数理化生四个系负责人及金若水老师和我组成，文科基地班由人文学院吴晓明副院长、教务处方晶刚副处长、文史哲三个系负责人和我六人组成。我们制订了从人才培养目标、到招生、到具体培养、到学生管理，一直到如何与研究生阶段相衔接的各个环节。

### 1. 招生环节

复旦人深知人才培养，生源是成功的一半，即一半是生源好、一半是教学好，这是两个必要条件。我讲的是1994—1999年这段时期，理科基地班办了五届，文科基地班办了四届。理科基地班是从1994年开始，1994、1995、1997、1998、1999年共五届；文科基地班是从1995年开始，1995、1997、1998、1999年共四届。那么招生工作是怎么做的呢？两个领导小组讨论后，决定先笔试后面试，后来自主招生也是沿袭这一思路，这项工作是由招生办的郭建萍、董雪军两位主任和我们一起操办。

当时严绍宗副校长给我们的是每个专业12个招生名额，即理科基地班48个，文科基地班36个，占了保送生名额的一半。笔试名额是实际招收人数的两倍，先本人报名、学校推荐，对学生的选拔要求是"基础好，思维活，学习勤奋"。德育是基本条件，笔试名额下达到中学，推荐由班主任先写，然后正校长写，非常严格规范。当时理科生源优质的学校，有华东师大二附中的全国理科班和上海市理科班，以及上海中学数学班、复旦附中，这是我们理科的招生主要生源学校。当时的文科生源并没有非常突出的中学，所以我们就把名额分配到了上海市重点中学和一部分区重点中学。简而言之，理科的招生选择学校比较集中，文科的则比较广泛,这也是基于生源实际情况来操作的。

笔试如何组织呢？理科考试科目是语数外和理化合卷,150分一门卷,总共600分。当时上海已经实行"3+1"(指除语数外三科外,理科在理化生三科中选一,文科在政史地三科中选一),但我们认为"3+1"不适用于保送生,物理和生物、化学不在同一个难度上,因为中学理科课程中,数学最难,物理第二,化学没有什么难度,生物更多的是一个科普性学科。我们决定理化合卷150分,请的命题老师都是高考命题老师,要求是提高难度,思路是"好中选优",即比普通的高考卷提高一个难度等级。文科的选拔经历了不同过程。开始是语数外各150分,结果第一次笔试下来,语文试卷难度不够大,区分度落在了数学上面。所以第二年加以改进,一方面将语文分值从150分提高到200分,而且重点放在阅读与写作;另一方面降低数学卷难度。这也体现了我们从实践出发,针对文理学科的特点对选拔具体做法进行调整。

笔试后,我们按照1∶1.2的比例来选取面试名额。面试时理科和文科不一样,其中理科我们参考了巴黎高等工业学校的选拔办法,那边派了一名数学教授、一名物理教授和一名外事教授,他们负责出面试题,我也参加到面试全过程中。记得当时一名物理老师出了一道题考查学生,学生回答不出来。但他非常灵活,紧接着问你对物理哪一方面比较熟悉。所以面试的重点不是放在对知识的掌握,而是对知识理解的活度、深度。我们的选拔标准是基础要好、思维要活、学习努力,尤其考查思维是否活跃,最怕"死脑筋",我们也请了数学和物理老师来面试。文科的选拔在吴晓明和方晶刚两位老师提议下,文史哲各出3名教授,一共9名评委,事前出好题目,如"你读了《红楼梦》有何感想？"。学生进来先抽签,抽签后允许有20分钟时间准备,然后用论文答辩形式来交流。方晶刚曾举例,有的学生没有念过《红楼梦》,问是否可以讲别的,比如《水浒传》，评委便让该学生来讲《水浒传》的体会，非常灵活。40多名学生，面试时间长达一天。

我们始终认为生源对于本科教学是最基础的条件。如果学生基础不好、思维不活跃，那将来的教学工作难以开展，所以在招生工作上我们下了很大功夫。学校开展自主招生，后来的笔试面试工作，方式有所改动，变成千分考加五名教授来面试，但本质上是我们实践的成果。从2000年开始，教育部改变了保送生的学习自主权，规定必须是奥赛获奖者，使得基地班的招生方法不得不改变。

我们把招生的时间放在寒假里，为什么呢？因为我们当时了解到：中学是提前一个学期结束课程的，最后一个学期就是专门进行题目训练。经过题目训练和没经过题目训练，是有不一样的效果的：一个是原汁原味的，一个已经变化。所以我们放在寒假，中学还来不及对学生进行强化训练，我们也能得知学生的真正基础和思维能力，而不是接受应试训练后的能力。我们当时一直坚持这个时间段招生，后来的自主招生也是放在寒假里，直到后来全国改变规定后才改动了笔试面试的时间。

### 2. 培养环节

概况：坚持在理科培养中加强学生数理化基础、在文科培养中启迪学生学会学习。同时遴选出优秀教师单独授课，组织上充分信任、同事间相互支持。配套以教师编写的符合实情的教材，在主题教研中交流想法、凝聚智慧。

1994年，复旦已经开始实行按类教学，全称通才教育、按类教学。我们也是贯彻这个思想，但是理科和文科的方法是不一样的。理科当时的情况：数学大类、物理大类、化学大类、生物大类，实际上是四个大类。这个方案已经被所有老师认可了，所以我们基地班只能在这个基础上做，但我们有所改变。当时生命科学学院的教学院长是陈海明老师，他说：

"方老师，我把这些学生的两年交给你，你可以不要考虑给他们授生命科学的基础课，只要把学生们的数理化基础打好，生物学我在后面有办法解决。"我们是两年加两年的培养，后两年放到系里，当时他的生物是六门基础课加六门实验课。所以我们就把生物和化学变成一个班，即生物化学班有24名学生。我后来想想，生命科学完全不开设也不妥当，毕竟学生们日后还是要和生物专业打交道，所以给他们加了一门普通生物学，化学专业的学生学点生物也并无不妥。

那么理科学生培养的重点是什么呢？重点放在打好理科基础。我自己是学数学出身的，深知数学基础的重要性，难度又高。因此我们主要采取两条措施。一方面是请最好的老师。我在开始时对非数学专业的老师不太熟悉，但是严绍宗对理科老师特别熟悉，由他亲自点将。比如化学系的金若水老师，教力学的郑永令老师，教热学的苏汝铿老师。另一方面是小班教学。基地班是单独上课的，到后来有些课实在因师资问题无法单独开，我们再和其他班拼组起来上课。从大课上到习题课，让我觉得"名师出高徒"在理科基地班得以充分体现。我还记得当时物理讲到光学的时候，因为优秀的光学老师很少，基地班只能和普通班一起上课。我就和光学老师沈元华商量是否能多予以基地班一些学习任务，他知道我们在创建基地班，就答应下来，并且表示每两周给基地班加两节课。

在教学上面，当时正值课程教材建设。我们上课的老师正好是新教材的主编，像童裕孙教授，他是严绍宗老师的博士生。我们请童老师来编一本理科的高等数学，同时让基地班和物理大班的普通学生一起上这门课，做到资源共享。童老师自己编写教材、授课效果非常好。物理系系主任和我聊天时，对此赞不绝口，我说："那你们也'回报'一下数学系嘛，派一个一流的物理老师来给我们数学系讲课。"由此以后，数学和物理两家关系更加紧密。对于基地班化学专业的学生,我的一个同学叫阮炯,专门为他们开应用数学这门课。我们知道化学要学好,需要有扎实的数学和物理基础,其中数学在化学上面最重要的是数理方程、概率统计,但以往对化学的同学只讲到高等数学,后面就停止了数学的讲授。所以这个应用数学就是阮炯老师在基地班首先开设、专门为化学专业同学设计的课,重点就是讲数理方程、概率统计。

  我们一再强调,理科的基础必须到位。为什么生命科学学院院长能够说"你把生物学生的数理化基础搞好,后面我有办法来提高他们的生物成绩",就是这个道理。我们理科基地班的一般做法是这样的:前两年放在一起管理,数理化生四个院系轮流主办。第一届是化学,第二届是数学,第三届是物理,第四届是生物。当时严校长点名金若水老师来参加理科基地管理小组,金老师既是领导小组成员,又是理科基地班第一届的班主任。在负责学生管理的同时,他还亲自编写了厚厚两本教材,叫《现代化学基础》,已经被列为教育部重点教材。我们还尝试拿出英语原版教材,让教师去教授,可惜没有成功。教师经常问我:"老方啊,这门课到底算英语课还是化学课?"从反馈来看,有些学生英语没有过关。所以要通过实践才知道是否符合实际。理科基地班的后两年,我们采取回归系里,将学生安排进各自的专业系所,再增加普通班的学生进来,形成每个专业有 24 名学生。

  文科基地班就比较有意思了。大类教学里面,文史哲归于一个大类。这里所谓的大类,就是每个专业拿出一门课,文史哲一共有三个系、四个专业,中文系多了一个汉语言专业。仅仅一门课的联系,其他各归各专业所学,所以在当时也受到了诘难。有人认为这算什么大类呢?还有人觉得每样都学一点,成不了系统,将来会废了这些学生。于是我们就文科基地班到底是要"系统地学",还是让学生"懂得学习",进行了深入交流。最终,我们还是比较认可:既然是大类组合,全部都学不符合实际情况,不光是师资配备,学生也没有这么多时间与精力。相比于专业知识的完整性,我们还是要拓宽学生的知识面,让学生学会学习。文史哲是30多人一起培养,两年上一样的课,那究竟选择哪些课?这又是我们碰到的一个难题,后来我拿出了一个意见:"各位老师是领域内的专家,你们是真正把内涵研究透了讲授给学生,你们认为哪些课该学,我没有意见。但你们只要把最好的老师安排出来,我就满意了。"最后,中文系拿出来的中国文学、汉语言学、古汉语等是被认可的。做到少而精,但不等于没有深度和难度。比如说历史,历史学有四门基础课,不可能全部要。我的意思是:学生既然会念一门历史,就能够懂得念第二门历史。古代历史自然要懂古汉语,所以这个古汉语必须放进去。就这样,大家相互探讨、统一思想。

再举个例子,哲学系拿出来的是王德峰老师的《哲学导论》。王老师号称"哲学王子",我自己亲自去听王老师授课,他给我看的是满满三张A4纸的提纲。慕名前来听讲的人也很多,连同济大学的博士都来听。王老师讲的是"临终关怀",我从来没有听过哲学的精神家园,讲的内容让我也非常入迷。我问王老师能否写本书出来,我负责帮你去出版,后来这本被列为上海市重点教材的书由上海人民出版社出版了。我还要介绍一下樊树志老师的《国史概要》。中国古代史这门课,原来是12个学分讲3个学期,后来文科基地班精简为4个学分,那怎么讲呢?我就和樊老师商量了,我们是否能够自己编写一本大概40万字的教材?樊老师将多年的备课笔记整理出来,大概就是40万字。这本凝聚了樊老师心血的教材,他讲100个历史大事件,讲故事一般娓娓道来,就连我这个学理科专业的,都觉得非常生动有趣。我自然尽我所能,为他在复旦大学出版社出版。不久,又正好遇到上海市重点教材申报,我便又向樊老师建议将《国史概要》(修订版)申请成为重点教材。据说这本书后来在欧洲的一次博览会上也是大受欢迎。

老师们在编教材、教学中尽心尽责，我很欣慰。在教研上也是如此：在得到校长、教务处长的支持后，我出面组织每月一次的"教学沙龙"活动。每次都有一个主题，比如樊老师准备出《国史概要》第二版，我就邀请各位老师前来，提一提建议，相互交流学习。我很清楚地记得，那次把姚大力老师也请来了，他正好是第二届理科基地班的班主任兼导师，是"蒙古史"的专家，他对再版和教学都提出了很多建议。

文科基地班的培养，无论是思考如何安排课程，还是着手编写符合实情的优秀教材，以及主题探究，都是围绕着一个点：我们究竟要让学生学什么？实践证明，更重要的是让学生们懂得如何去学。你把知识讲得再好、再完整，如果他没有学会学习，事倍功半；如果我们让学生懂得学会学习，那就是事半功倍。这就是我办文科基地班一个很重要的体会。

联系到现在的通识教育。最早听到这个概念时，我还在科研处工作，当时听谢校长说的。谢校长提到文科学生要学习理科课程、理科学生要学习文科课程，这为我拓宽文科基地班学生的视野提供了一个非常好的参考。当时文科基地班是如何拓宽知识面的呢？

一是要学习四门跨学科课程，其中自然科学两门、社会科学两门，分别是"文科高等数学""改变世界的物理学""经济学基础""社会科学方法论"。任课教师也是非常有资历的教学科研名师，如"经济学基础"请了伍柏麟老师和尹伯成老师前来讲授，伍老师当时是经院副院长，尹老师请了7位经济学的有名的老师，包括张军老师、石磊老师等著名经济学教授。因为文科基地班都是学习人文科学，理科尤其是数学基础比较差，所以也碰到了一些困难。文科基地班的学生派代表来反映："我们到底是理科生还是文科生？为什么课外花那么多时间去做数学？"考虑到学生压力大,如果他们课外没有完成文科的作业,理科作业又压得透不过气来,就变得本末倒置了。后来我跟文科高等数学任课老师华宣积说,让所有的教学活动都在课堂上完成,不要留任何的课外作业。

二是充分发挥专家讲座的功能。开设了一门文理科均需学习的科学讲座课,一学期八讲,以开拓视野、启迪思维。我对教师的要求是讲授的内容深入浅出、学生爱听;对学生的考核是写文章;期中上交心得体会、期末撰写小论文。文科基地班的学生有的也有怨言,埋怨一个学分的讲座还要写两份文章,但我始终坚持"文科生一定要学会写文章",到现在这批学生走向各个工作岗位,他们回过头来是非常感谢我们当年的严格要求的。我们也为此下了大功夫:先后邀请了100多位名教授做讲座,包括华中一、谷超豪等名家。

三是培养学生的自主学习能力。当时文科和理科基地班的课堂教学,都会留出部分内容不讲,但是一定会考到。目的是让学生自主学习、锻炼其学习能力,即使离开了老师讲解,自己也能学习。这与现在那些学生吵着、闹着向老师要考试范围、要重点完全不同,我们基地班不仅不会给,反而要求学生自学好未讲的内容。基地班的教学要求有更高标准,虽然看上去苦了学生,但这正是对他们的负责,是一种合理增负。

### 3. 学生管理工作

一是组建工作团队、齐抓共管。基地班工作团队中包含辅导员一名,每个专业出一名导师,主办学系兼任班主任,团队成员均是认真负责、同时善于相互协作的老师。还记得第一届理科基地班联席会议,有团队老师反映学生有抄袭作业行为。工作团队马上联合起来,以制度设计严惩抄袭等恶劣行为,从源头上扭转学生观念。

二是充分发挥学生的自我管理、自我监督。比如奖学金评选,从定标准到确定指标,完全公开面向全体学生。一方面是要树立学生的主人翁意识,班级事务人人有责;另一方面让学生习惯在外部监督的同时,内心也要时刻自我监督。

三是注重培养有限度竞争与学生合作意识。首先我做的是保障好学生应有的权益。还是以奖学金评选为例,如果按照普通班前40%的评选标准,对他们可能不太公平,因为我们集中了优等学生。所以我和学工部领导交流想法,争取按照绩点来评选奖学金,由普通班的评定结果的绩点来决定基地班学生的奖学金等级,当然德智体的标准统一按照学工部规定办理。学工部的领导也非常支持,他们看到基地班学生平时扎实的学习和任课老师的高要求,所以认可了以绩点来评选,达到高的绩点水平,就可以获得奖学金。这样一来,不仅解决了有失公平的问题,让学生们感受到了学校对自己的重视,而且有助于合作意识的养成。我一直强调"有限度竞争",同学们都很优秀,但是为了稀少的奖学金指标而"挤破头",这是我们不希望看到的,因此保障好学生应有的权益,有助于学生合作共赢。后来的实践结果表明,我们的做法确实有所成效:几届的文理基地班奖学金都达到80%,最好的甚至能达到100%,有效减少了学生之间出现的无序竞争,又促进了每一名学生勤奋学习。

### 4. 如何将学生输送到高一层学习

文理科基地班学生的培养目标是为更高层次研究机构输送人才,所以仅仅完成本科学习还不够,我们鼓励学生继续在自己有兴趣的专业领域深造,采取了几种做法。

一是关于攻读研究生的"直升计划"。与奖学金评选一样,"直升计划"也有指标限制。我们依然是要破除这个限制,增加优秀学生直升比例到50%以上,一方面是尊重学生意见,另一方面也是为贯彻落实基地班的人才培养目标。

二是本硕博连续培养计划。基地班学生到大四只有几门选修课和一篇毕业论文,是比较轻松的。此时如果培养松懈,容易使后续读研学习松懈。学生们大多在大四时考虑出国留学。所以实施本硕博连续培养计划,既能够让学生在大四时充实学习,实现与研究生阶段完美衔接,又能及时留住优秀学生,同时学习时间缩短了,学习效果也提高了。当时孙莱祥副校长协助王生洪校长管理研究生工作。3年本科加5年直博方案得到王校长同意,决定在10个专业进行试点,分别是数理化生文史哲经,后来增加力学、基础医学专业。

三是前期交叉方向培养的作用。因为在平时的培养过程中,我们既注重学生基础学科的牢固掌握,又注重对学生进行跨学科培养,所以学生对研学的兴趣会更高。以文科基地班为例,有一期是43名学生,后两年归系培养时,只有4个读哲学、4个读历史,其他都选择读中文。但在他们攻读研究生时,我们下达的直研名额是文史哲三系平衡,有的学中文的学生就决心攻读历史了,虽然是跨学科读研,但他们基础扎实、见识广阔,又有很强的学习能力,所以也能学得很好。这样一来,学生能够选择最适合他的研究领域深造,对我们管理者来说也实现了预期目标,在衔接学生读研深造方面达成了共赢。

## 三、结语

复旦大学是社会主义大学,既然是社会主义大学,人人都是大学的主人,都应该尽自己一份心去奋斗。社会主义大学的意义,我归纳为两条:一是全体师生员工都是大学的主人,都有自己的一份义务;二是对每个求学的学子,我们学校都要倾心培养。因为进来的学生是非常信任学校的,他们的内心都有很高的期望,我们自然要尽全力去培养,至少要做到合格,优秀学生的比例越高越好。如果以奖学金40%作为标准的话,基地班学生能够达到80%;如果大家都努力争取80%的话,我想我们距离世界一流大学就更近一步了。基地班的办学也得到了各方面的支持和肯定。1997年的学校本科教学工作会议上，我做了交流发言。1999年我应邀到教育部在沈阳召开的特殊人才培养会议上做交流发言，中科大的少年班的相关教师也在那次会议上做交流发言。2001年"人才基础学科、人才培养模式的改革和创新"（吴晓明、方晶刚、陈尚君、王德峰）获得上海市教学成果二等奖。

# 名师名课名教材是建设一流本科的基石

口述：方家驹
采访人：钱益民　孟瑶　冯玉霜
时间：2019年1月
地点：复旦大学十号楼105室
整理：冯玉霜

"大学者，有大师之谓也，非有大楼之谓也"，引申到本科教育，课程是基石。课程一定要由名师来主持。而教材是中国的特色，一门课由一本教材支撑。

1952年院系调整，复旦留下了文、理学院，把农、法、商分出去了。在保留文学院、理学院的同时，把杭州、上海等地区文理科的大部分名教授汇聚到了复旦。复旦逐渐有了"江南第一学府"的美誉。名校是靠名师支撑起来的。今天讲的第一部分，是一个很重要的理念，即把传承放在首位。

## 一、把传承放在首位

教学科研靠长期积累。我接手教学课程建设任务，首先了解复旦原来课程教材的基础以及平台。不仅要把平台牢牢地稳住，还要加强。

第一门课程是1989年获得国家级特等教学成果奖的"政治经济学的教学改革"，大概是国家自开设该奖项以来复旦获得的第一个奖。获奖的是三位教授：蒋学模、伍柏麟、洪远朋，真正领衔的是蒋学模教授。蒋老师的《政治经济学》有名到让中宣部、原总政治部和教育部共同推荐，发行量大，影响力广，在复旦乃至全国历史上都是很少的。它连续出了12版，在教材的版数上也创下了纪录。

《政治经济学》分资本主义和社会主义两大部分。这本教材的特点是资本主义部分少有改动，而社会主义部分基本上每一版都有大改。因为20世纪80年代到21世纪初，是改革开放最重要的几十年。中央经济体制的改革基本每年初都要出台新的理论和措施。蒋老师的这本教材，充分地体现中央的思想和政策。政治经济学不是一般的学术性教材，它紧密地联系着社会政治经济形势。我认为它完全适应中国的社会发展，每一次评奖都报它，每次都获奖。它的地位和社会影响力，同类教材无法相比。这门课程在复旦政治经济学专业用的是另外一本教材，由伍伯麟和洪远朋老师编写，那本比较传统。所以这门课程实际上有两套书，面对不同的对象。这就是我为什么今天要把这本书、这门课放在第一位，因为这一门课同时有两本教材支撑着不同的两个对象，这也说明教材和课程之间有配套。

第二门课程是"数学分析"，与之配套的《数学分析》是数学系最重要的基础教材。这本教材，从20世纪五六十年代开始到现在有三套。我念书的时候，数学系有一整套绿封皮教材，其中就包括《数学分析》。当时有名到东南亚地区凡是用中文教学的，基本采用这本教材。第一套教材的第一作者是我们原来数学系系主任陈传璋，欧阳光中、范莉莉老师是主要合作者。第二套教材由欧阳光中先生担任主编，1992年获得了国家级教学成果一等奖。第三套教材由陈纪修教授主编，得到了李大潜院士的指导，前言是他亲笔写的。前言里面有四句话：一，要讲清楚最基本的概念；二，基础课要理论联系实际；三，基础课要和科学发展的前沿相结合，数学分析的前沿就是计算机科学；四，对学生要进行必要的练习，做必要的习题。这四句话让我印象深刻，我在以后所有基础课教材建设的过程当中，始终把这四句话推荐给所有编写新教材的老师。我说，基础课教材要真正写好，这四句话可以作为一个重要的参考，在不同的领域有不同的表现。所以这门课非常传统且重要。这本教材在2002年获得了教育部的优秀教材一等奖。陈纪修老师当时是第一批教育部国家级名师，他和陆谷孙教授，文理科各一个。我觉得最好的教材一定要传承下去，不同的时期有不同的名师，有不同的思想理念，内容要更新。

第三门要介绍的课程是"物理化学"，这是化学系非常重要的专业基础课，由邓景发院士领衔，在全国很出名，在化学系也是重要又有难度的课程。因为学化学要有很好的数学、物理基础，所有有水平的化学论文发表都必须运用物理化学的理论。提升到理论高度去加以归纳分析，那就必须用建模、用定量。"物理化学"这门课程就起到这样的作用。这本书的传承者是范康年教授，范老师一开始就是邓先生的学生，一本书的合作者。第三位就是陆靖，他是邓先生的博士生，我认识陆靖的时候他是这门课的主讲老师。这门课有一个很好、很强的教学梯队，相应的教材也是一再修订，一再获奖。这是在全国非常有影响的一门课程。

第四门课程是"遗传学"。复旦生命科学最有名的是遗传学，祖师爷是谈家桢教授。相应的教材《遗传学》的第一作者是刘祖洞教授，这本教材获奖时，他已经到了弥留之际，他的学生乔守怡把这个消息告诉他。第二位传人是赵寿元教授，他是谈先生的大弟子。第三位是乔守怡教授。所以刘祖洞、赵寿元、乔守怡三代，代代相传。把学科稳定下来，把教学稳定下来，非常重要。名师上第一线，这是复旦的传统。这是我讲的第一部分。

## 二、新一轮课程建设

新一轮课程建设是从量大面广的五门课开始的。我接手课程教材建设任务是1995年。在莫干山教学工作会议上，学校宣布"新一轮课程建设要从量大面广的五门课开始"——"基础数学""基础物理""基础化学""大学英语""计算机基础"。"计算机基础"和"大学英语"，所有本科生必读。数学是所有理科生都要学的，文科大概只有心理学、国关学院和旅游管理要学。

复旦历史上从学校层面来抓课程建设，这是第一次，从着眼于适应面最广的课程入手。负责数学课的是严绍宗副校长，当时依靠他的两个全国首批16个博士生——张荫南和童裕孙教授，编写出版的第一本教材是面向经济类的《高等数学》。这本书很有特色，数学的最基本的理论，在一年级的时候就教给了学生，因为学生最想了解的是我学数学有什么用。这是所有学生的问题，也是其学习的重要动力。但这本教材竟然被某学院的领导否定，他主张全部讲数学。我持否定意见，因为经济学院招收的学生文理各占一半，学《高等数学》都很困难，学《数学分析》更难，我向校领导汇报，最终折中选择了理科的一本数学教材。那么好的一本教材，就被搁置了。

第二本教材是理科《高等数学》，这很颠覆我们数学系的传统思想。童裕孙老师接手了这项任务。他当时是数学系主任，找了在高等数学教学上非常有经验的三位合作者编写。这是全国理科高等数学的第一本教材，非常有特色。童老师科班出身，对数学有非常深入的理解。当这本教材推出时，第一次在物理系上课，也是第一次把基地班的学生放到普通班去。这次课反应很强烈。物理系的领导说："方老师，我们从来没看到过这么优秀的老师为我们物理系上数学课。"整个物理系轰动了，可见名师名教材的作用。这归功于学校领导的重视，严校长选材选得赞。一个老师就把一本教材撑起来，把一门课撑起来。我建议物理系领导让最好的物理老师给数学系来上物理课。数理不分家，这两门学科是相互支撑的，最明显的就是数学系最看重数学建模，建模是物理的思想。所以真正优秀的数学和物理的学生一定是数学、物理两门有非常扎实的基础。所以我觉得这次比较满意的是我们编了全国首创的理科《高等数学》，取得这么好的成效。

第三本是《文科高等数学》。这本书传统的是用中国人民大学版，人大版当然有它的特色，但是我们也有复旦的特点。我们请华宣积教授针对文史哲专业的学生编一本《文科高等数学》，他欣然答应，亲自授课。这件事情也有实践的过程。因为数学最麻烦的是解题，不做题目等于不学数学，数学一做题目就有基本的难度。我给华老师的时间很充裕，有四学时。结果学生反映花在数学作业上的时间比写文章的时间还多。我跟华老师说，从实际出发，主要让他们对数学有个基本的了解，并不是他们将来用数学的工具去解决问题。所以这本教材的出现是完全从学生的实际出发，跟人大版教材的差异就在这。内容基本都差不多，但具体讲到什么程度，用什么方式，大有讲究。建设过程，有思想指导，也有实践指导。这是课程教材很大的特点，即必须和教学实践相结合。我欣赏这本教材，这就是教材和科研专著的最大区别。

第二门课讲"物理学"。物理学的特点在于全，出版的"教育部面向21世纪课程教材"里，我们占16本，报奖时也报了16本。教材包括本专业的五门基础课，力学、热学、电磁学、光学、原子物理，然后是四大力学、数学物理方法。特色在哪里？我们出版了两本实验教材，《近代物理实验》和《普通物理实验》，在全国都是领先的。一般实验教材都是讲义，正式出版的很少。我校的物理实验师资力量很强，所以有条件。面向外专业的普通物理共出了四本书。两本面向理科,两本面向文科,这在全国也较少见。两本理科普通物理教材,一本面向大众,另一本专门面向技术类,各有特色和侧重点。文科物理教材是复旦开的先河。第一本是倪光炯等四位老师编写的《改变世界的物理学》。这个系列教材的大部分第一版都是在复旦大学出版社出版。后来高等教育出版社的编辑很看重这套书,想把这版的书都放到他们那儿,我们说服复旦大学出版社的领导,就无条件转让了。但复旦大学出版社坚持《改变世界的物理学》不能放。还缺一本文科的,最后商量由倪光炯教授和王炎森教授一起,重编一本叫《物理与文化》,我们就有了两本面向非理科类学生的书,现在叫"通识教育教程",这门课现在是全国性的精品课程,慕课的示范性课程。后来的传人是物理系的马世红教授。那么多的教材都到复旦大学出版社出版,而且被高等教育出版社所看重,我觉得两条起作用:一是很多名教授编了很多的教材,像量子力学的苏汝铿教授,是院士级的科学家,这门课始终是他的品牌。二是复旦是靠一批名教授编了一批名教材,然后领衔这些课程,支撑起我们的教学。

第三门课是"普通化学",金若水教授领衔,他把世界上有化学专业的名牌大学的教学计划收集在一起,加以分析比较,提出了中国的大学化学专业课程设计体系,得到了教育部的认可。这在当时是很大的贡献。他后来编了一本《现代化学基础》,使复旦有了自己的教材。它的内涵超过了原有普通化学的范畴,比较厚,分上下两册。教材很重要,除了基础性以外,它有指导性,学生水平有高中低之分,一本好的教材应该覆盖这三个程度的学生。教材写得有一定高度,对老师有帮助,讲课时可以取舍,也为高水平学生自学留出了很大的空间。我认为这本教材比别的学校的教材有特色就体现在这里。这门课,开始是金若水老师亲自授课,后来是第二作者讲、第三作者讲,这三位老师退休以后,赵东元老师自愿来当主讲老师。

第四门课是"大学英语"。教育部大学英语四六级统编教材,总主编是董亚芬教授。当时董老师有教育部的任务在身上,所以我们就跟翟象俊老师商量,在和陆谷孙教授讨论以后,决定自己编一本叫《二十一世纪大学英语》的教材。那时正好出现了计算机辅助教材,所以我们决定联合复旦的电教中心,同时出版电子教材,学生可以拿着电子版,配光盘,那就发挥我们学校的综合实力了。承担这个任务的是当时电教中心的副主任岑佩君副教授。这个任务没有先例,对各方都是一个挑战,但最后我们还是如期完成,发行量也不错。复旦在教学上面也采用双轨制,就是学生一半学国家统编内容,一半学我们自己设计的大学英语,这在其他学校没有先例。不过最后为了平衡得奖的人数,在上海市评奖过程中,纸质版和电子版一个得了二等奖,一个得了三等奖,这是比较遗憾的。但值得欣慰的是,在 2003 年,邱东林老师领导的大学英语教学部以整个学校的"大学英语"获得了第一批国家级精品课程。

最后讲第五门课"计算机基础"。20 世纪 90 年代初计算机普及,所有大学都把"计算机基础"作为必修课。"计算机基础"变成全校的基础课,要为全校开课。能够上课的是计算机系里一部分老师,在投入的数量力量上不完全匹配,并且面临着繁重的教学任务。当时领衔的是吴立德教授,现在看吴老这门课的特色,第一就是人员组成周到。两三年内出版了两套教材,很不简单。计算机发展比较快,教材一定要跟上,所以在人力的组织上很厉害。第二,计算机课程实践性很强,学生每人一个机位,老师边讲课边实践,考试也在上面进行,课程的组成要有配套。第三是队伍建设,新型教材和设施,教师必须跟上。过去在课堂讲课,现在到教室里去自学,我们一教后来搞了好多开放式的课,如计算机和大学英语,这个复旦也比较领先。第四就是跟出版社的紧密配合。当时课题组一共有 14 位同志，我也在里面，全部到一线去参加课程建设。为了这门课，吴立德老师跟我说："方家驹，你必须参加我们课题组的所有活动。"他也觉得这件事情离不开教务处和学校的支持，我觉得这件事情是我应该做的，因为我是组织者和协调者。

后来我们设了秘书，请赵一鸣老师来当，负责问卷和调查的任务，这也是这门课成功的重要环节。问卷主要调查教材、课程是否符合学生们对学习的要求。我们以学生为主体，以教师为主导，究竟体现在哪里？就体现在教和学环节紧密地配合。从组织机构到实施，我觉得最成功的就是这门课。到现在为止，我们教学管理上很大的问题就是教和学脱节。要让第一线老师自己去做这件事情，存在困难。从教学管理角度看，我们成立机构时就是一块面向学生，一块面向老师。学校征求我的意见时，我不赞成，我认为制订方案和检查方案是一个机构，教学过程应该是一个机构。教和学脱节了以后，没有办法找到问题在学生还是老师。文理科基地班很重要的成功环节，就是把教师、学生放在一起管。如果都像计算机课程这样的方式的话，教学、管理同心协力，会有更多的优秀人才出现，及格线也能大幅上升。现在我的意见，第一是优秀生比例不够高，第二是及格线要往上提。一流大学，这两条衡量标准缺一不可。

花较大的篇幅讲这段，是因为我觉得这是课程建设的新起点，这门课由名教授去做，是第一次从学校层面出发的、有指导思想的、有组织的一件大事。要把本科建设搞好，重点放在广大的学生，这个思想是很正确的，现在看效果显著。最后，五门课效果也不错，我们原来已有的特色课程，有这样五门课延续下去，基石就铺宽了。

### 三、开拓新领域课程

这里重点是"化学与人类"和"改变世界的物理学"。谢希德校长提出文科要学习理科的课程,理科要学习文科的课程。现在学校把这一要求提高到通识教育的层面。我到教务处时,最受学生欢迎的两门课是"生命科学导论"和"化学与人类"。"生命科学导论"是生命科学学院所有学生必须学习的一门课程,同时又是面向全校学生的选修课程。以前文科学生快毕业时发现理科课程学分不够,学校就开了"生命科学导论"和"化学与人类"来满足需要。但耿老师退休,院系没有进一步延聘他。这样只剩下"化学与人类",我的功夫就花在这上面。

首先是支持刘旦初老师把讲义写出来。讲义写出以后,我开了第一次教学沙龙,请各专业的著名教授从理科角度讲它的科学性,从文科角度讲它的趣味性。倪光炯教授竟然主动提出他们物理人来写一本,这完全是意外的收获。当时组织的是物理系教授王炎森老师,还有一位是物理系副系主任方小敏老师,还有钱景华老师,他们觉得在科普方面有自我特色。王炎森和方小敏老师的参与使得这本教材有了教学实践性。倪老师希望这本书上升到理性、哲学、史学的高度,放进中国科学史的东西,同时在哲学领域有独到的见解,所以这本书的立足点、立意都比较高。我们做了以下的设计:第一,这本书面向文科同学,要尽量减少物理的术语;第二,物理最精彩的描述就是物理公式,但我们要用文科学生能够理解的语言去描述。

第二本书的名字更明确,叫《物理与文化》,后来成为上海市重点教材。1999年5月,市教委在复旦召开了现场会,把上海市所有高校的教务处长都请来,包括从事这方面的老师。有两场示范教育,一场是倪光炯老师讲的,一场是刘旦初老师讲的。这是复旦大学通识教育的一个起点,有自我特色,并不是完全模仿哈佛大学。两本书在前两年先后获得上海市的科普教材一等奖。刘旦初老师还获得上海市科技成果二等奖、科技进步奖二等奖。现在真正保留最好的还是"物理与文化"这门课,已经上升到国家层面,达到量大面广的程度,最关键是这门课的接班人马老师,能够全力以赴。

同时,我们有一批非常有新意的课程,在文科里面有三门课值得在这里重复,一门是"哲学导论"。"哲学导论"是复旦开的先河,当时在没有教材的情况下,把同济大学的博士都吸引来听课了,王德峰老师因此得到"哲学王子"的称号。第二门是樊树志老师的,他创办了我们中国古代史自己的教材,用几十年的教学实践,把备课笔记打印成一本书稿。还有《中国文学史简明教程》。骆玉明老师写了可以说是《中国文学史》的简本,更适合做教材。中文系后来出了一系列叫导读的教程,申报了国家教学成果一等奖。所以我们真正厉害的还是数理化生文史哲这类最重要的基础学科:首先名教授多,其次是对教学的充分重视。当然还有从蒋孔阳先生开始的美学。面向21世纪的教育部的教材,文科的第一本教材是朱立元老师编的《美学》,我打电话让他报奖,结果报上来的是一大摞书,叫"文艺理论系列教材",从本科生教材一直到研究生教材。最后,那一年我们得到教育部国家教学成果奖的一等奖的两项之一。还有一次,本来上海市得到一等奖才可以报,那次对"211工程"学校放开,可以直接报两项,但是要求一定是在教育部立项的,完成得好可以不通过上海市,结果发现我们只报了一个可以直接报国家级的上海市的项目。我就翻到一份哲学系本科专业的课程设置的材料,知道哲学系新得了三门国家精品课程,所以,我这里说一句话:"教务处的领导们,报国家级的奖,你们一定要亲自花功夫去做,不能系里报上来多少就是多少,因为你是总揽全局的、上下沟通的,而且这事关学校的声誉。"

陆靖当处长,第一次碰壁是国家精品课程评选。我们只有三项,压力最大的是教务处。从这开始,教务处就先从学校精品课程做起,每年要申报、评选、立项,挑选好的往国家级报。课程有个建设的过程,先选好苗子,然后加以扶持,在这里面逐步提升级别。复旦的教学名师做起来了,就是接受了这个教训,所以我讲教学管理人要动脑子,就在这个地方吃一堑长一智。这也算是我这么多年在教务处工作的一个体会。

### 四、课程建设的体会

最后讲我在课程教学建设方面的体会。从指导思想角度以及课程来讲,一门课程要做好,第一是必须有本好教材。每个任课老师都有选择教材的权利,一个从实际出发的老师肯定很注意这条,特别希望青年教师有点传承。第二是一门好的课程要有一支好的队伍,特别是领衔的教师。队伍的结构很重要,要有年轻的教师跟在后面,因为教学需要实践的积累和传承,最好是教材梯队里有不同年龄层次的老师。第三是要有一个很有效的教学方法。教学和科研一样要有团队。我认为从学校和系的层面上,一定要将重视教育落实到实践中去。真正要把一门课建设好,三个条件缺一不可,不同课程的教学方法是不一样的,所以我认为重视不重视教学就是从这些实际的环节来看。

从教材角度讲,我觉得也是三条。第一条是学术有造诣。高等教育必须以学术为背景。倪光炯老师编了一本《改变世界的物理学》(《物理与文化》),水平高,就是他在物理学、科学史、哲学上都有学术造诣,所以他可以编一本面向非理科的教材。第二条是教学有经验,有经验的老师才能写出让学生自学的教材。我对现在大学教学的一个重要的建议就是培养学生学习的能力,关键是通过传授知识让学生学会学习。我引用李大潜老师介绍的巴黎高工办学经验的话,他讲:"我要培养的学生,今后能够转向任何新的领域。"法国无论在科技、经济、金融各方面都是很独立的,除了教最基本的知识之外,还使学生有思维和学习能力。我选教材主要负责人的条件是他懂得如何让同学自学。第三条是肯为本科教学付出。作为一个教育管理工作者,我希望教务处或者其他各个部门做管理工作的,要把自己的工作做得真有成效,能根据自己不同的工作实践总结东西。教务处给我两项任务,从实际的成果和工作的实践经验来说,对后人有点借鉴作用。当然,任何事情都没有照搬的,因为时代发展太快,情况变化太快。

# 复旦大学文科基地班办学亲历记

## 一、由来

20世纪90年代初，教育部在兰州召开理科教育工作会议。苏步青等七位著名教授联名写信给江泽民总书记，希望重视理科基础学科专业研究和教学人才的培养。总书记立即批转李鹏总理，总理拨款三亿元人民币实施。在自然科学基金委和教育部共同主持下，通过各大学申请和评审。我校生物和数理化四个专业先后获得批准，每专业每年拨款30万元，学校一比一配套。教务处在1994年冬季试办了理科基地班。紧随其后，教育部决定实施文科基础学科专业研究和教学人才计划，每专业每年拨款15万元，学校一比一配套，我校文史哲三个专业进入。1995年冬，教务处决定正式开办文理科基地班。

## 二、组织领导和办学方式

学校成立了文科基地班领导小组，人文学院吴晓明副院长任组长，成员有方晶刚副处长，文史哲副系主任陈尚君、顾云深、孙承叔，以及方家驹。1994年开始的全校本科教学改革，主题是通才教育，按类教学，实行学分制和导师制。文史哲三个系四个专业定为人文大类，但实际上只有四门共同基础课。领导小组决定，前两年把基础课完全打通，即全体学生不分专业，后两年可以由学生在四个专业里任选一个。文科基地班前两年分别由哲学系、历史系和中文系轮流管理，后两年分别进入各系，完成专业课程和毕业论文。

### 三、完全的自主招生

生源是本科教育的生命线。严绍宗副校长决定把保送生的一半用于基地班。当时，上海的高中并无优秀文科生集中的学校，所以我们把生源投向了多所重点市级和区级中学。通过学生报名，重点中学校长推荐，单独组织笔试和面试。笔试请全国卷或者上海卷的命题专家命题，面试聘请了九位文史哲教授。更为重要的是把招生选拔时间放在寒假：高中教学已经完成，高考复习开始之前。我们称之为招收原汁原味的高中生。

### 四、全新的通才教育

谢希德校长任职期间，提出文科生要学习理科课程，理科生要学习文科课程。当时学校已经为每名学生设置了三门2学分的综合教育课程。为了加大通才教育的力度，经过一年多的筹备，从97级开始，学校开设了四门3—4学分的综合教育课程：4学分的文科高等数学，3学分的文科物理、社会科学方法论和经济学基础。我们特地聘请多位资深教授专门编写教材和授课：华宣积开文科高等数学，倪光炯和王炎森开文科物理、谢遐龄开社会科学方法论，尹伯成开经济学基础。后来三门课出版了上海市重点教材，一门物理课列入上海市第一批重点建设课程。为了拓宽学生的视野和加强其思维能力，我们花了很大精力为学生开设两节课的科学讲座。几年累计百讲之多，有华中一校长的纳米科学，王季陶的点石成金,刘旦初的化学与人类,等等。科学讲座课每学期开设八讲,1个学分,连开四个学期。考核办法是撰写两篇文章:期中的心得体会和期末的科学小论文。为了培养好基地班学生,学校做到了不惜工本。对此,倪光炯教授评议:开设科学讲座课,是为学生打开一扇前沿科学的大门,为学生推开一扇科学的窗,学生的心就亮堂了。我们感到,两节课的科学讲座,内容一定是最精练的,让学生知道世界上有人在研究这门学问,取得了什么成果,用的是什么方法,还有什么问题有待解决。

### 五、文理基础教育扎实是我们本科教育的特色

复旦的文史哲三个学科更是强中之强。文科基地班用两年时间,请来三个系的著名教授开设最重要的基础课,是我们的压舱石,而且尽量开出4学分的课程。有关老师还专门编写了教材:王德峰的《哲学导论》,樊树志的《国史概要》,骆玉明的《中国文学史简明教程》。我们更看重请三个系的著名教授开课,他们的严谨学风让学生们受益匪浅。多年后有学生对我说,当年我们比普通班同学忙多了,多少有责怪情绪。现在想来,当年的辛苦,得到的是现在的收获。

### 六、请最好的老师为全体文科基地班同学授课,是我对三个系领导的唯一要求

实践证明,基本上做到了。文科基地班的同学比其他人更幸运。记得有一个班,因种种原因,一二年级时,没有排进金重远教授的课。我坚持在三年级时列入了,当然给选课带来了不少困难。综合教育课程和科学讲座同样坚持了请好老师的原则。华宣积、倪光炯、王炎森、谢瑕龄教授无不如此。在此,特别要回忆起经济学基础这门课和教材的形成过程。自十一届三中全会决定以经济建设为中心以来,与此相关的无一例

外地热门起来。我本人从数学改行计算机专业,到接手计算机工厂、科技服务和经济管理三个部门的领导工作,深感要让学生在校时,就应对经济领域有所了解。在工作中我有幸认识了经济学院伍柏麟和尹伯成两位名家,就大胆请求他们为文科基地班同学开一门课。想不到,二位一口答应,取名"经济学基础",3学分,并着手编写讲义。因为内容广泛,特别发动张军等七名年轻教师每人编写一章,在97文科基地班二年级下学期由尹伯成老师亲自授课。后来此书列入上海市重点建设教材,尹老师亲自统稿。由于是九位老师写的初稿,风格各异,尹老师的工作难度非常之大。我当时在教务处负责教材建设工作,尹老师的榜样作用让我终身难忘。近日获悉97文科基地班43名同学中后来有15名在企业任职,更多人的岗位与经济相关。我很想知道,听了这门课对大家的工作有什么帮助。

## 七、成立班学生工作小组

工作小组由班主任、专业导师和辅导员组成,班主任担任组长。前三届的班主任请到了吴晓明、姚大力和傅杰三位教授担任,这样的阵容在复旦历史上也是少见的。齐抓共管,让学生听到的是同一种声音,是我们的出发点。为此,我特地拜访了时任党委学工部翁铁慧部长,得到了她的两项支持:同意辅导员参加班工作小组,加大基地班学生的人民奖学金的获奖比例。在师生的共同努力下,学生们的聪明才智和辛勤努力得到了回报:各班的人民奖学金得奖率都在80%以上,比普通班高出一倍。教务处给予的支持是:提高直升研究生的比例。1999年,学校在十个基础学科专业试行"3+5"的本科、博士连续培养方案,留住了一部分原来打算出国读研的优秀本科生。现在在校工作的几位教师就是这个方案的毕业生。

20年过去了,看到基地班的学生们在各个岗位上发回的信息,我感到十分欣慰。当年师生同心,上下一致,我们都投入了全部的身心。学生们戏称我是文科基地班的总管,我也坦然受之,我的责任就是为学生们铺路啊!学校也待我不薄,1999年退休前夕,晋升我为高等教育研究员。1994年12月,我主动要求到教务处工作,是想为建设复旦大学一流本科出一份力。严绍宗副校长和教务处领导把创办基地班和课程教材建设两项重任交给了我,正是领导的信任和大力支持,给了我信心和力量。依靠师生和院系,争取相关部门的支持,是我的切身体会。七个系的教务员都成了我的好朋友,她们的辛勤工作给予我极大的帮助。

人的一生是短暂的。能够实实在在做成一件事,也不容易,尤其是做一件自己喜欢的事情。在迈入82岁的新的一年之时,写出这份回忆文章,既是对自己的一个交代,同时也希望起到抛砖引玉的作用:请大家共同总结我们的经历。培养人才,尤其是高级专门人才,是当务之急。我们要汲取他人的成功经验,更要重视我们自己的实践。特呼吁各位一起来做这件有意义的工作,为了国家,也为了我们自己。

2022年1月

# 复旦大学重视培养应用型人才亲历记

1965年，我在数学专业做毕业论文的选题是"地下埋设电缆的温度场分布"。课题来自上海电缆研究所，指导教师是尚汉冀老师。当时，全国各地都高度重视理论联系实际。当年的学校校庆论文报告会大部分是应用型题目。从20世纪60年代后期开始，我们数学系师生纷纷投入数学的应用研究和计算机的制造和应用中，设计、制造并投入批量生产的有DJS-130系列小型多功能计算机和数控线切割机。我从制作印刷电路板，到参与设计集成电路布线、计算机和数控线切割机自动编程软件，一直持续至20世纪80年代初。此时，我在生产物资处计算机厂主持工作，引进了计算机系涂时亮老师设计的计算机组成实验仪和单片机开发装置二型，投入批量生产以后，使工厂扭亏为盈。后续又引进电子工程系硕士研究生闵昊同学发明的自动绣花机，该项成果获得莫斯科博览会金奖，由我厂和社会缝纫机生产工厂合作生产。

1984年下半年开始，在我从事科技服务管理工作的五年间，学校在科技应用和人才培养方面突飞猛进，并取得了丰硕成果，代表性的有苏步青教授的"计算机辅助几何设计"和尚汉冀老师的"内燃机配气机构计算方法程序和应用"。

1985年，全校共获得国家级科技进步奖12项和国家级发明奖3项。

复旦的本科教育使得学生基础扎实、思维敏捷和勤奋好学,既能理论联系实际,成为应用型人才,又有很强的学习能力,能转向新的领域。数学系师生转向了计算机专业,物理系师生转向了电子工程有关专业,化学系师生转向了材料专业。从基础研究到应用研究、技术开发,一直到产品化、商品化,我和许多复旦人都亲自经历过。20世纪80年代,我曾兼任学校科技开发总公司生物技术公司经理。从数学到生物学,跨度实在不小,我就想到请教生命科学学院分管科技工作的副院长李致勋教授。他告诉我任大明有一项科研成果,有希望投入生产,但需要进行中试。刚好学院里有一位从原华东化工学院调入的李宗林老师。中试成功以后,又找到了安徽省某地希望建厂,李宗林老师直接承担起了建厂设计任务。在双方共同努力下,工厂如期投产,并取得了很好的效益。任大明老师的"肌苷产生菌FD-86001菌株选育及发酵生产"荣获1989年国家教委科技进步二等奖,李宗林老师担任了新成立的生物工程系副系主任,学校也得到了60万元技术转让费。据悉,该厂厂长成了全国劳模,还给工厂职工盖起了一片住宅。由于我在公司任职时间很短,因此也只做成了这样一件事情。

复旦是一所多学科的综合性大学。在我担任科技服务处副处长期间,曾经组织过一项由材料系方之烈老师和计算机系周新老师合作承接的"海港泊位微机管理固体显示系统"项目,单项合同经费达20万元,在当时科技开发项目中也是比较高的。可喜的是项目如期完成,并荣获1987年国家教委科技进步二等奖。

由于我有这些经历,在1994年到教务处承担开设文理科基地班时就想到:基地班的目标是培养基础研究人才,但是真正达到这个目标的只能是一部分人,还有更多的学生今后会成为应用型人才和经营管理人才。所以在课程设置上,在加强基础的同时,也重视综合教育课程(现在称为通识教育课程），特别设置了四个学期的科学讲座课。我充分利用自己在复旦工作多年、认识很多著名老师的条件，组织了一百多个讲座。这门一个学分的课程，每个学期八讲，要求每名学生期中写一篇心得体会，期末写一篇科学小论文。这样既扩大了学生的视野，又促进了学生在这方面的思考和表达能力。30年过去了，在走上工作岗位的数百名学生里，真正从事基础理论研究的只是一小部分，但是都很有水平。更多学生走向了社会各行业，成为应用型人才，独立创业的也有不少。他们在复旦学到的知识，在工作中都得到了运用。这些学生不但知道如何学习，更学会了如何提出问题和解决问题，以及如何合理确定目标并找到实现目标的途径。其中一部分学生已经成为领导者，他们的组织能力和与人相处的能力也是与我们当年的培养密不可分的。

20世纪80年代，学校党委十分重视学生理论联系实际和创新实践能力的培养，组织成立了复旦大学学生咨询科技开发中心，由党委副书记王华荣亲自指导，林克书记也很关心，让我担任中心的顾问。中心的历任主要负责人在工作中得到了锻炼，潘皓波、闵昊和陆雄文等在毕业后分别担任了公司经理、学院院长。1988年，我到经济管理办公室主持工作后，应学生工作部张德明部长的要求，协助建立了学生勤工助学办公室，学工部任命康年同志任主任，使这项工作在经济管理上更加规范。后来康年同志担任了上海市青年干部学院院长。我们学校的领导抓住一切机会让学生和年轻干部在学习和工作上得到锻炼，努力培养他们成为应用型人才和管理干部。

2024年12月

# 我与复兴中学

1954年，复兴中学列为上海市重点中学之一，当年我有幸考入初中部。

1951年初，我从镇海农村来上海投靠父母。因经济原因，在虹口一所只有半个篮球场的小学读了四年。有幸遇到班主任兼数学老师的林健根，他让我喜欢上了数学。班上数学成绩最好的三位同学有两个考进了复兴。我初一戴上了红领巾，初二入了团，还当上了副班长。两位入团介绍人都是我的辅导员，后来一位成了著名的国画家，一位进了哈军工。1957年考高中特别难，我总算顺利考上，还担任了三年班团支书。1960年，复兴中学荣获全国先进，从而成为复旦大学的附中，姚晶校长当选复旦大学党委委员。市委教育卫生部部长兼复旦大学党委书记杨西光同志直接过问复兴中学的教学改革。我作为学生代表跟随姚校长出席了苏步青副校长召开的高中和大学数学教学衔接的座谈会，决定在高三下学期试开平面解析几何课。我因此见到了这位大数学家，从而决定报考复旦大学数学专业。1965年8月，我大学毕业，分配留校工作。

1984年，姚晶校长亲自到北方请来清华毕业的复兴校友彭文怡担任复兴中学校长。1992年复兴试办高中理科班，我的女儿有幸入选，彭校长亲自上物理课。校长上课是复兴的传统，姚校长当年就给我们班上了三角函数和平面解析几何两门数学课。姚校长有"三角王"之美誉,他讲得实在太精彩了,至今我对三角公式和三角函数的性质还记得很清楚。这个理科班的毕业生很优秀,我的女儿保送复旦大学,还有保送上海交大和北大的。这个班的教学实践还培养出了三位优秀教师:政治特级教师方培君,先后担任复兴的书记兼副校长、复旦附中副校长。化学教师颜清,先后担任复兴副校长、虹口区教育学院院长。班主任兼数学老师赵军山,先后担任复兴教导主任、北郊中学校长和虹口区教育学院副院长。

但是,1995年复兴高中进入复旦大学的仅19人。1960年,我所在的高三(4)一个班就进了7人。我就向复旦大学的严绍宗副校长和招生办要求担任复兴的招生联络员,从1996年至2011年,前后达16年。在两校的共同努力下,复兴进入复旦的人数逐年上升,最高一年达到58人。究其原因,我认为是复兴的领导工作到位,教师因材施教,学生努力学习,学校重振"求真"优良传统学风。在此期间,我还主动向复兴图书馆赠送个人珍贵藏书100册,这是我在教务处任职期间负责本科教材建设工作时,各位作者亲笔签名赠送的教材,其中有华中一校长的《硅谷夜谈》,倪光炯等四位教授的《改变世界的物理学》等。当时,方培君书记立即亲自驾车来我家里取书。在陆磬良书记兼副校长分管复兴招生工作期间,他多次邀请我参加招生宣讲会,而且让我第一个发言,因为我们家两代走出了五个复兴人:两个上了北大,两个进了复旦,还有一个考进了北京化工。

2005年是复旦大学建校100周年,我受命加入《复旦大学百年志》编写组。我发现目录中有复旦附中和复旦二附中栏目,觉得复兴中学也应该编入,因为它比复旦附中成立还早两年,而且是上海市委决定,杨西光同志亲自过问。编写组负责人鄂基瑞教授立即同意,并带领全组五位同事前往复兴高级中学约见姚晶名誉校长和胡锦星校长。双方相谈甚欢，当场决定立即组稿。现在我们可以在《复旦大学百年志》上卷第三编第二十八章附属单位第二行见到：复兴中学（1960—1966），文载第549—551页。

　　三年前，华东师大一附中陆磐良校长突然来我家，说虹口区委决定让他担任复兴高级中学书记兼校长，并且立即到任，希望得到我这位老校友的帮助。当时，我正和几位复旦大学的好朋友在金山区教育局、金山中学实施"大学-高中融合育人"课题，于是我们决定将此课题同时在复兴实施。经过三年实践，课题组的复旦老师增加到了十位，涵盖数、理、化、生、文、史、哲、英语、社会学和教育学十个专业，从为高中生做通识教育讲座开始。这项工作得到了复旦大学党委统战部和知联会领导的大力支持。

　　2024年7月1日，复旦大学和虹口区委签署协议，共同决定复旦大学附属复兴中学正式挂牌。复旦大学委任的校长已于9月到任。9月30日，薛校长在复兴约见了我和马世红教授，认真听取了我们的意见。我已经接到通知，11月11日下午为高一新生做讲座。

　　是复兴和复旦培养了我。社会主义的免费教育，让我从一个农村孩子成长为高等教育研究员。为教育事业做出贡献是我毕生的心愿。

2024年11月6日

# 二 退休后铺路

# 复旦大学本科教育何时达到世界一流？

许宁生校长、包信和副校长、尹冬梅副书记：

你们好！

在90周年校庆时，我们复旦大学提出了要办世界一流大学的目标。20年过去了，我校在学科和科研两方面有了明显进步，但基础比较好的本科教育，除了在学生科研和国际交流方面有明显进步外，在教学质量上不但进步不大，某些方面甚至还有倒退。

我想就复旦和世界一流本科教育主要方面进行比较。

## 一、学习时间方面

一流：每学年三学期，每学期16周，其中大四两学期，四学年共186周，每学年两个学期为教学，中间学期由学生选择，或科研或社会实践或出国游学。

复旦：每学年两学期，每学期20周，四学年共160周，少了26周，不但如此，由于学生在大一至大三没有为升学或就业做好充分准备，就用了大四的教学时间，致使现在大四教学处于半瘫痪状态。

## 二、课程教学方面

**一流**：每学期4门课，每门课4学分。四学年32门课。以哈佛为例，8门为通识核心课，16门为专业课，8门为任意选修课。每门课的教学过程均有4个环节，以哈佛核心课"中东文化与历史"为例，全课包含历史、宗教等8个专题。学生课前必须认真阅读数十页指定教材；教师讲课，并随时向学生提问；教师组织学生观看视频并分组讨论；学生撰写论文。成绩评定的依据：期中和期末两篇论文和两次闭卷考试，还要参考平时课堂讨论和论文。麻省理工的专业课"微积分"的评分构成包括：五次作业，50分/次，五次测验，100分/次，期末闭卷考试，250分，平时占3/4。各校均规定，只有重修，没有补考。百人以上大课之后有小练习课或讨论课；计算机课配有7位助教，历史学课配有12位助教。这是两位复旦教授告诉我的。上海纽约大学每一门课都安排了课后答疑教师。

**复旦**：每学期开课最少为1门，最多16门，每门课为1~5学分不等，前五学期多数开课8~10门，后三学期大幅下降，第八学期只撰写毕业论文而不开课的专业不在少数。我校明文规定，平时成绩占30％，期末考试成绩占70％，不及格课程学生多数选择补考，此时平时成绩就完全不起作用了。通识核心教育课程和文科课程，由于课内外学习时间均很少，多数课程没有讨论和撰写论文的要求，种种原因使得合格的本科课程助教非常少。20年来，我校的本科教学状态基本上没变，学生在阅读、写作、思辨、提出问题和解决问题等方面能力训练明显不足。

## 三、师资方面

**一流**：教学科研并重，在招聘教师时，院系对所任课程和科研方向的能力和水平均有明确要求。应聘教师需上两堂课、做两次学术报告，邀请教师和高年级博士生听后做出评价,才做决定。受聘教师每学年必须担任两个学期的本科或研究生学位课程,在这两个学期必须全力完成教学工作,不可以兼任其他有报酬的校外工作,而科研主要在第三学期完成并取得报酬,也可以到校外、海外任职。各世界名校通行学生评教,学生甚至有对教师任教的否决权,评教方案做得很有权威性。例如,纽约大学以学生的平均绩点作为评教打分的加权项,即学习成绩好的学生有更大的发言权。

**复旦**:重科研轻教学。在聘任教师时,只关注科研方向和水平,根本不提出要他来上什么课,至今还没有听说过哪个院系聘任教师时要试讲两堂课,更谈不上师生对聘用教师有知情权和发言权。由于教师受聘时不明确要承担的课程,院系教学主管每个学期都要做出安排,要让教师适合而且愿意上某门课,有的教师还会以科研任务紧迫为由,要求不上课。因为教师在每个学期同时担任教学和科研两方面的工作,实际上很难有足够的时间和精力放到教学上。重科研轻教学的责任在学校而不在教师。20世纪60年代和80年代学校科研很少,教学很多。1992年教育部给复旦定编时,科研岗位300个,教学岗位2 000个,行政管理是校、系、教研室三级,课程质量专门有教研室在管着。90年代中以后科研经费增长迅速,教师常态科研工作大幅上升。教育部对学校实行综合定编,行政管理改为校、院、系三级,晋升职称和物质奖励都向科研倾斜。有些领导认为科研上升有硬指标可以衡量,而教学质量变化短时间内看不出来。历任学校党政领导常说要把人才培养放在首位,但是有效措施不多。20年过去了,科研水平上升而教学质量如何,复旦人有目共睹。

## 四、学生方面

**一流**:严进严出。

**招生**：各校都有自主招生的科学且有效的实施方案，都有一支高水平且有实际经验的招生队伍。以美国名校为例，近年来国际学生的大幅增加使录取率已经降到10%以下，还提出了英语和科学水平的更高要求。

**培养**：对全体学生进行全程指导。在课程教学中严格要求，例如上海纽约大学美方校长每年为大一新生300人开设一门跨学科的通识课，课前学生必须阅读约40页教材，每周讲课100分钟。学生进教室前，自觉电子签到。讲课中学生随时要准备回答老师的提问，自觉做到不迟到、不缺课。每门课都以平时成绩为主，教师及时知道学生的学习状况，及时给予教导和帮助。所以每位教师全学期都必须全力投入。课程发生不及格，学校规定只有重修，不能补考。这就可能让学生延迟毕业，还可能要多付学费。上海纽约大学规定，四年学费40万元，可修136学分，即只能重修两门课。

**复旦**：严进宽出。

**招生**：现在主要还是通过高考录取新生，自主招生试行才不久，不但人数少，而且做法也不成熟。从现实培养过程分析，我校有三类学习困难学生与生源有关：国际学生、边疆少数民族学生和体育特长生。

**培养**：学生课前不阅读教材，上课无故缺席、迟到占相当比例，而且已经习以为常。对学生要求不严使部分优秀学生成了学习困难学生。

**成绩评定**：由于平时对学生的学习状况不掌握，教师无法进行有针对性的指导和帮助。因缺少合格的助教，百人以上的大班理科课程，情况就更加严重。某年教务处曾对一年级数学、物理两门课进行了解，发现补考及格线成绩已经降到30~40分，原因是最怕学生因成绩不好而走极端。人文社会科学课程多数因为学时少而不要求学生撰写论文，期末考试采用闭卷问答题，所以多数学生成绩为优良，中都很少，要得不及格很难。文科学生的平均绩点比理科生普遍高，平均绩点含金量可想而知。学生评教已实行十多年，但在师生中的权威性仍未建立起来。

### 五、本科教育教学管理方面

**一流**：分管校长负责制。校长\院长或系主任\教师、导师\本科生，一条线管到底，每名学生只听到校长发出的一个声音。

**复旦**：党政两条线。党委：分管副书记\院系副书记\辅导员\本科生。行政：分管副校长\院系副院长、副系主任\教师、导师\本科生。当每位学生听到两种要求时，他的分析综合的结论差异可不小。

以上各项情况并非复旦特有，在国内各名校普遍存在。对现在这种状况，学校要负主要责任，但是大学缺少办学自主权也是重要原因。由于目前中国内地尚没有大学的本科教育达到世界一流，致使内地的优秀本科生源加速外流。据有关统计，去年在美国留学的本科生已达12.5万人，首次超过研究生数。

但是我现在仍然相信，复旦完全有能力把本科教育办成世界一流。在20世纪50年代的院系调整时，大批文理科著名教授的调入，使复旦成为教育部直属和上海市重点大学，至60年代初，杨西光书记、陈望道校长领导的复旦成为江南第一学府，主要是因为本科教育优秀。"文革"时期，复旦是重灾区，损失惨重。但是广大师生并没有被击垮，夏征农书记、苏步青校长领导拨乱反正，本科教育迅速恢复，并及时提出要把复旦办成综合性、研究型、国际化的高水平大学。在80年代后期，林克书记、谢希德校长主政的复旦已成为一所国内一流、世界闻名的大学。复旦的本科生学历和课程成绩被许多世界名校认可。从"六五""七五"到"211""985"，复旦全是国家和上海市重点。现在复旦的人力、物力、财力完全具备建设世界一流本科教育的条件。为此建议学校将此项目标列入"十三五"主要任务。因为任务艰巨，可能要用十年时间才能完成：用两年时间分析情况、制定工作方案，并进行单项或局部试点；用三年时间全面推开；用五年时间完善。到120周年校庆时能宣布完成各项预期目标。

现将工作重点、难点和保障措施建议如下：

（1）让每名本科生享受到四年的优质课程、海外交流、科学研究或社会实践的全方位高质量培养，在学生毕业标准、学位授权标准和优秀毕业生即荣誉学士学位标准方面达到世界一流。难点在这些要求要覆盖全体本科生，学校必须增加大量优质资源。

（2）整合现有课程，原则上按每学期4门课、每门课4学分设置，8学期共32门课，包括"两课"4门，通识核心和艺术4门，文理基础和专业主干16门，大学英语、计算机基础、体育、军事理论、毕业论文、专业选修课、任意选修课等合计32学分。在学校和院系两级教育指导委员会等主持下，制定总体计划和各教学单位承担的课程，并拟订每门课程的教学大纲、教学方式和考核办法。教学大纲以国际先进为标准，教学方式强调师生互动，考核办法以平时成绩为主，只有重修，没有补考。难点在于开设习题课或讨论课需要配备很多助教，上习题课并批改作业，或组织课堂讨论并批改论文，任课教师和助教都要投入很多精力，学生也会比现在辛苦很多。

（3）适时推出三学期制，学生每学年有两学期学习课程，一学期到海外交流或者做学术研究或者社会实践，为毕业后出国留学、国内读研或者就业做准备。由于世界名校普遍实行三学期制，为我校本科生海外交流在日期安排上提供了方便。教师两个学期以教学为主，其余时间均从事科研，真正做到教学科研并重。难点在于学生比现在要辛苦很多，暑假没有了，四年级还要正常上课，因为寒假时间固定，春节有可能出现在教学学期，所以只能按国庆长假方式调休成一星期，这会成为部分师生反对的理由。

（4）招收优秀生源是办好本科的生命线。在本科生院院长的领导下,把招生和培养两项工作紧密联系在一起非常重要。在招生方式方法完善中要坚持招收基础好、思维活、有责任心的优秀高中毕业生。对于按政策必须招收的边疆少数民族学生,体育特长生,国际学生中有部分因文理知识、英语、汉语基础较为困难的学生,学校要为他们开设为期一年的大学预科班。本科生培养水平的大幅提升是对招生工作的实际支持。宣传部分优秀毕业生的事例,现在已经很难瞒过优秀考生和家长。

（5）本科生院实行院长负责制。对本科教育教学工作实行全权管理,并向党委、校长负责,院长也由分管本科的副校长兼任。教务处处长任常务副院长处理日常工作。成立本科生院党委,与院系党委职责相当,书记由学校党委副书记兼任,设常务副书记并兼任学工部长、学院副院长。本科生院重大事宜由党政联席会议讨论决定。按院系年级设立学生工作组,由导师和辅导员组成,会同学生党支部和团学联做好各项学生工作,发挥学生在教学中的主体作用。

（6）建立教师本科教学岗位聘任制度并纳入学校人事岗位聘任。院系、各教学单位按本科课程和导师设立教师和助教岗位,由院系按岗位聘任,院系教育指导委员会在聘任工作中协助院系领导,充分发挥教师在教育教学中的主导作用。本科生院和各院系有责任帮助年轻教师和助教,采用岗位培训、老教师带教等有效办法。难点:我校至今尚未建立教学岗位聘任制度。教师所任教学工作是院系领导与教师协商的结果,所以对现在已经聘任的教师,也只能用协商的办法落实新的教学岗位,但必然会产生部分教学岗位与教师不相匹配的现象,这就形成了工作的困难。

（7）研究生培养方面的工作也要同步进行,教师教学岗位包括本科课程和研究生学位课程，需要统筹兼顾、统一安排。博士生担任助教应纳入培养计划。以我女儿在美国纽约大学读博五年为例，她每学年获得助学金四万美元，其中两万为学费，两万为生活费，担任助教费用由学校支付，担任助研费用由导师从科研经费支付。博士毕业后到大学担任主讲必须有三年助教经历，这些做法我们可以借鉴。

（8）需要增加财力和物力的投入。小班课的增加必然增加人员经费，教室有可能不足，尤其是桌椅可移动的小教室；学生海外交流增加，对经济困难的学生来说，必然要增加资助，这个数字可能不小；等等。

（9）需要建立本科生工作监督和教育教学质量监控制度。学校对已经通过的工作计划、各项教改及相应措施的实行，应该进行监督检查，评估效果，以便及时采取相应补充措施。1994年和2002年的两次本科教改至今仍然没有进行必要的评估，现在看来对本科教育教学的进步不利。由于没有建立本科教育教学质量监控制度，有的方面进步了，有的方面反而退步了，这样的总体结果往往是踏步不前。

（10）以前两次教改学校都建立以校长为组长的领导小组，同时成立起草方案的工作小组。由于这次任务在广度和难度两方面都远超前两次，建议请校长任组长，分管副校长和副书记任副组长；工作小组可由分管副校长任组长，教务处处长和学生工作部部长任副组长。这样做的好处是原来本科工作的两条线从此统一起来，有利于方案的制订和实施。

（11）要发挥学校机关干部的作用。在1984至1993年期间，我曾两次有幸在党委书记和一位副校长的领导下工作，因为时间紧、任务重，书记亲自出马，果然进展顺利，完成得也比较好。第一项任务完成后，我还因此升了副高，也学到了很多：

一是领导让我提出工作方案，包括目标、进度和政策措施；二是方案在党政联席会议通过后，由我负责实施；三是在碰到困难时领导帮助、支持我。由于我从基层调到机关，很不熟悉，胆子也比较小，但领导对我很放心，给了我很多鼓励和帮助，让我至今难忘。现在机关干部大多毕业后即到机关工作，有许多先天不足，学校有责任帮助他们。以教务处为例，可以有以下做法：一是到基层担任教学秘书或教务员，让他们了解教师和教学工作；二是兼任导师助理或者助理辅导员，让他们了解学生和学生工作；三是结合本职工作进行专项调研或教育教学研究，撰写、发表论文，按工作实绩和研究水平晋升高教研究系列中的高级职称，以资鼓励。要防止学校机关工作行政化，行政工作事务化。办一流本科难度是空前的，领导做出决定后，就要机关干部制定工作方案，组织实施，这是对机关干部能力和责任的一次大检验。

我是复旦优质本科教育的受益人：1960年我从复旦大学附属复兴中学毕业，慕名考入复旦大学最具盛名的数学系，接受5年本科教育。虽然学得艰苦，但是受益终身。90周年校庆时，学校提出了要把复旦办成世界一流大学的宏伟目标，我在具体分析后，认为复旦本科教育比较好，最有希望首先达到目标。我向校领导提出不再担任副处级职务，到教务处工作，从1994年至2012年，工作了18年。前7年负责组织课程教材建设，创办和管理文理科基地班，退休后返聘在处长办公室帮助工作，其间3年还参与《复旦大学百年志》编写工作，并亲手撰写了本专科篇。2005年复旦学院成立，又兼任专职导师7年，工作中我处处以教师身份要求自己，与院系领导和教师共同商量课程教材建设工作如何开展，当取得成果时主动为教师报奖。这样做使许多骨干教师团结在教务处周围，支持我们的各项工作。文理科基地班是优秀生培养的试点，我们从招生、培养到本硕博连读等方面进行探索，取得了许多有益的经验，培养了不少优秀学生。上述两项工作先后在学校两年一次的本科教学工作会议上汇报。在复旦学院兼任专职导师时，我主要关注学习困难的学生，从中发现了学校工作中的短板,及时向有关领导做了汇报并提出了改进建议。在18年中,我体会到教务处工作人员一定要到学生中去,了解学生,关心学生,把他们当作自己的子弟,我们的工作责任心、主动性就提高了。在18年中,我共事的四位处长全部荣升副校长,其中三位在复旦,一位去了华东师大,后调任市教委副主任,去年升任上海应用技术学院院长。学校待我也很好:1988年升副高,1999年升高等教育研究员。我衷心感谢学校领导让我为复旦服务到71周岁。离开岗位4年来,我始终关注着复旦。利用中美两地轮流生活的难得机会,进行多方面的比较研究,大学本科教育是我关心的重中之重。

  现在我的中国梦是希望在有生之年看到复旦本科办成世界一流,这也是许多老复旦人对本届党政领导的期望。

  目前我的健康状况尚可,脑子还可以,能够为复旦再出点力是我的心愿,我将随叫随到。

  祝各位身体健康!谢谢!

方家驹<br>2016年5月23日于上海

# 本科教育培养方案需要做实

尊敬的吴晓明院长、蒋最敏常务副院长、各位副院长：

在新领导到任近年之际，作为老教务人，有些建言供你们参考。2025年复旦要达到世界一流，做实本科生培养方案是重中之重。

第一，1952年的院系调整使复旦浴火重生，文理基础课程已经成为本科教育基石。自从我国高等教育从精英教育转变为大众化教育以来，课程从窄而深转为宽而实成为必然。但实际上还有许多课程值得商榷，例如高等数学让不少学生过不了关，在考研时，许多复旦学生竞争不过外校学生，所以难度定位和教学工作都需要下功夫。2012年的方案中人文大类的六门基础课均降为2学分甚为不妥。以中国古代史为例，从12学分减少到4学分是妥当的，樊树志老师的《国史概要》成了上海市重点教材，这个2学分课程在国际名校也不被认可。

第二，通识教育中的"两课"历史长久，水平也高，真正做到进学生头脑还需要下功夫。但是七个模块的建设尚需时日，我建议复旦的通识教育以两课为核心，辅以现代科学技术和优秀人文科学，求质不求量，逐步形成4学分的课程，并有教材和教学团队双保障。课程的学分要往4学分靠，八个学期的课程数量尽可能均衡些。学习成绩应以平时为主，文科课程必须写文章。我再次推荐两门课：一是麻省理工的微积分，五次作业/每次 50 分、五次测验/每次 100 分,期末闭卷三小时/250 分,平时占 75％;二是哈佛的通识课——中东历史与文化,有历史、宗教、文化等八组内容,每组要写一篇文章,全课写两篇文章,另有两次闭卷考试。复旦要成为世界一流大学,不得不这样严格要求学生啊!

第三,国外许多名校每学年保证教师对教学的足够投入,每学年聘教师上课两学期作为发工资的依据,还有一个学期不发工资,教师可以自己选择做科研或者到外国去做事。我们学校的不少外籍教师就是两面拿工资的。我们要求教师 70％ 的时间用于教学,实际上没有可操作性,能做到的是上满多少节课。聘用研究生当助教,要求十分严格,待遇也到位。我女儿在纽约大学直博时,竟然担任硕士班助教。一门课 50 人,有三名助教。学生作业是大程序包,要求详细批改。助教待遇是两个学期四万美元——两万学费,两万生活费。

第四,哈佛的培养方案有可借鉴之处。21 世纪初,钱冬生老书记主动翻译了哈佛方案,学校决定拨款 20 万美元购买哈佛全部通识教育核心课程教材和部分麻省理工学院教材,2005 年正式启动通识教育。在建设一流本科时,领导比较重视哈佛的做法。首先,哈佛本科必须修读 32 门课程——16 门专业课程,8 门通识课程,8 门任意选修课程,所有专业实施 2＋X。其次,每学期修读 4 门课,8 个学期完成。因为每门课都需要二至三个单元时间修读,学校实行三学期制:16 周×3,实实在在的 16 周学习,没有停课考试和补考周。其中一个学期实施项目教育,或做科研,或去企业做实习生等,为毕业后读研或者就业铺路。

我曾在复旦四个部门做过管理工作,对于政策到位体会深刻。在林克书记手下做科技服务创收时,用三年时间从一百万做到了一千万,是靠了他的一句话:不给钱就给政策。我们从政府争取来了政策,学校也给了政策。建议各位多多争取政策。

1994年12月我主动请求来到教务处,为的是复旦本科创世界一流。2016年4月,我曾写信给学校四位主要领导:复旦大学本科教育何时达到世界一流？包信和常务副校长用了两年时间起草方案,现在学校正式承诺2025年达到世界一流。我今年虚岁八十了,希望能在有生之年看到复旦的新辉煌。上述一孔之见,趁我头脑尚清楚整理并建言,供各位领导参考。

老教务人　方家驹<br>2020年5月于上海

## 附:《今日头条》有关中科大本科教育的报道

### 校长亲自任院长,中科大高规格设置本科生院

一流本科教育一直是中科大发展的重要基石,自2019年实施"一流本科教育质量提升年"以来,中科大就开始大刀阔斧地进行本科教育创新改革,直至近日公布了用近一年时间反复研讨起草修改的重磅校内文件《中国科学技术大学"一流本科教育质量提升计划"行动纲领》,2020年吹响了本科教育质量提升的集结号。

近日,根据中科大官网消息,中科大高规格、大手笔设立了本科生院。中科大校长包信和院士亲自担任本科生院院长,另有两位校领导和一位教务处负责人担任副院长。此外,在本科生院下面还设立了少年班书院等四个本科生书院,初步构建起了统筹中科大本科教育教学工作的本科生院体系。

根据中科大行动纲领,本科生院设立的目的是优化整合本科教育资源,院务委员会是决策机构,涵盖教务、书院、教师发展、通识教育、体育教育、艺术教育、招生就业和创新创业等多个板块。

除此之外,还对专门的少年班学院这个中科大金字招牌进行革新升级,成立了少年班学院发展咨询委员会,本科全程实行书院制培养,严格按照"一生一策"因材施教,试行弹性学制方案,落实导师制,并建立少年班学院荣誉体系。

中科大校长、本科生院院长包信和院士也在校内会议上指出,本科教育具有系统性,学生需要全方位发展,整个培养过程涉及方方面面,本科生院作为协调机制,将会进一步整合本科教育资源,系统规划本科教育教学工作。

这不是中科大校长包信和第一次强调本科教育的重要性,他曾在演讲中谈及,大学应该以学生发展为中心,在大学的人才培养、科学研究、社会服务、文化传承和国际合作五大使命中,本科生培养是重中之重。

可以说,本科不牢,地动山摇。这也是为何像中科大这样的顶尖学校都非常重视本科生的招生录取、教育培养。大学是本科生高等教育的起点,大学本科阶段对学生的培养塑造在很大程度上决定了学生明天的成长成才,正是基于此,本科生才会将本科学校在情感上看得最重,本科生的培养质量决定了这所大学的发展高度。

中科大正是以小而美、不扩招闻名,本科教育在国内首屈一指,相信在设立本科生院等一系列创新举措推动下,将继续创造"千生一院士,百人一杰青"的人才培养辉煌成就。

# 期待复旦大学本科教育
# 2025 年达到世界一流的目标如期实现

裘新同志：

欣悉第二位复兴中学校友出任复旦大学党委书记。20 世纪 90 年代，复兴中学 1950 届校友钱冬生同志出任复旦大学党委书记，我有幸在他的直接领导下拟订了人事分配制度改革方案。

我叫方家驹，1941 年 3 月生。复兴中学 1960 届毕业，考入复旦大学数学专业，1965 年毕业留校。先后在数学系、计算机系、科技服务和经济管理等部门任职。1993 年，杨福家院士出任校长，提出了把复旦大学办成世界一流大学的宏伟目标。90 周年校庆时，江泽民总书记亲笔题词：面向新世纪，把复旦建设成为具有世界一流水平的社会主义综合性大学。

1994 年，我请求学校领导，调到教务处做一线工作。1983—1988 年，谢希德院士担任校长期间，实现了复旦的本科学历为美国一流大学认可，她亲自推荐了多名复旦本科生进入美国一流大学读研。我去教务处就是为使复旦大学的本科教育成为世界一流而做一份实实在在的工作。

1994—1999 年，我承担了复旦文理科基地班的创建和课程教材建设两项工作，取得了成效。学校晋升我为高等教育研究员。2001 年 3 月退休后，在教务处处长室返聘11年。2012年6月至今，利用可在中美两地居住的条件，进行了两国教育的比较研究。2016年在复旦新一届领导上任之际，我呈上《复旦大学本科教育何时达到世界一流？》一信，得到了分管领导包信和常务副校长的重视，多次听取我的意见。他在复旦两年，拟定了实施方案。在他调任中科大以后，这个方案得以通过，明确了2025年达到世界一流。此后，我又向教务处领导提出建言。我们热切期待在您的任职期间，这一目标完满实现！

方家驹<br>2023年4月

# 致汪洋

全国政协汪洋主席：

您好！

获悉您专程来上海做教育调研，今送上我刚刚完稿的《关于全面深化教育改革的建议》，供参考。这个建议是我在复旦大学学习、工作和生活60年，在教育一线的实际经历和理论思考的总结，可能会有一些参考价值。我一生的最大愿望是看到有一天中国成为世界教育强国。因为建设社会主义现代化国家，人才是第一位的，而成才离不开教育。中国强教育必须发挥制度优势，遵循教育规律，用好信息技术。教育战线要用精准扶贫精神努力办好每一所学校。教育工作者要学习抗疫中医护工作者关爱每一个生命的精神，培养好每一位学生，争取做到一人一例，因材施教。正如习近平主席多次指出的，必须克服形式主义和官僚主义。我今年已经整八十了，还能够为大中学生做做讲座。告诉同学们：学历是铜牌，能力是银牌，人脉是金牌，理想是王牌。全国政协集中了知识界和教育界的有识之士。相信在您的领导下，一定能够向党中央提出一份高水平而又实际可行的教育改革方案。

祝您身体健康！

复旦大学高等教育研究员　方家驹

2021 年 5 月 31 日于上海

（我的手机号 13818380227 即微信号。如有需要，欢迎您的秘书和我联系。）

# 关于全面深化教育改革的建议

建设社会主义现代化国家,人才是第一要素。全面建立社会主义现代化教育制度,才能保证足够数量的合格人才。

### 一、努力办好各级各类学校

构建起各级学校之间的畅通立交桥,培养每一位公民成为具有基本素养和一技之长的劳动者,培养数以亿计的高级专门人才,满足国家和社会的人才需求,满足广大人民群众受教育的需求,是深化教育改革的目标。

### 二、教育要实施人才需求的供给侧改革

教育应按社会人才需求的数量和质量进行培养。逐渐改变现在存在的供需矛盾。政府有关部门应建立人才供需的大数据系统,为各地区各类学校提供足够的信息。

### 三、建立重点人才需求信息库

(1)各脱贫县要提出党政管理、产业经营和技术、教育、医护人员四支基本人才队伍的大学和中专毕业生需求,以巩固脱贫成果。

（2）收集国家迫切需要的高级专门人才的专业和学历层次的五至十年的需求信息。

（3）分步建立按地区和行业的专业和学历层次五至十年的人才需求信息库。

（4）近期特别要重视社区和乡村基层干部队伍的充实。以大中专为主，少部分研究生领头。要尽快落实社会工作职称系列，以稳定和提升这支队伍。高校要把人才培养的重点放在量大面广和高端急需两个方面。

## 四、高级专门人才培养涉及三个方面：大学、高中和高考

（1）大学是个性化的：包括学校的定位、培养人才的标准、培养方案的特点等。以复旦大学为例，20世纪80年代谢希德校长定位为：综合性、研究型、高水平。这是可以较长时期坚持的。培养学生目标可以归结为高或者深。一类学生能够胜任解决高、大、难的问题。一类学生到基层一线，不但自身实施，而且创造可推广的经验，在实践中能向上级提出有价值的意见和建议。培养过程应该实行科目教育与项目教育相结合。项目教育包括参加科研项目或者社会实践，如社会调查、支教、当实习生等。有条件的可以实行三学期制：两个学期科目教育和一个学期的项目教育。教师两个学期全力做好教学工作，一个学期做科研，同时把做科研的学生也带起来了。毕业生应该能够直接适应工作。

（2）高中教育有很多共同点。基本上有三个方面：一是努力做到基础扎实、思维敏捷、勤奋好学、身心健康。二是自主、自立、自律。三是接受集体主义、社会主义和爱国主义教育。培养过程注重德育教育的有效性，通过社会调查和公益服务等建立初步的社会责任感。教学应以培养学习能力、思维能力、提出问题和解决问题为目标。不满足于记住知识

点和做出题目。鼓励学生担任校内学生干部或者校外志愿者,以利建立服务观念,培养服务能力。

(3) 高校招生的最终目标是实行自主招生。考虑到问题的复杂性,可以分两步进行。以高考基础上的高校自主招生作为过渡,而且不能操之过急。由于高校的个性化,要招收的学生也有比较大的差异。学生的高中学业成绩和学校、专业的选择是其中重要的一部分,这正是我们重视高考成绩和志愿填报的原因。但这是远远不够的,还必须了解许多外在的信息。一般通过学生填写的申请书和所附资料,以供高校选拔。在过渡阶段,高考的权重可以大一些,分期分批给高校放权。其间既要听取高校的意见,也要听取社会各方面的意见。在实行高校完全自主招生时,还应该做到高校和学生的双向平等选择:即在学生同时报考几所高校时,学生可能同时被几所高校录取。此时,学生只能选择其中一所报到。高校就会产生一个报到率的问题。如何使优质教育资源不致浪费?许多世界名校的做法可供借鉴。事实已经证明,优秀考生选择高校,有利于高校更加重视对学生的培养。某些教育质量差的高校会因为招生不足而萎缩。这正是我们要看到的优胜劣汰。

现在高中教学压缩到两年,复习迎考时间过长弊多利少:一是缩短学时影响教学质量;二是迎考的主要做法是一模、二模、三模的机械式重复操练,训练学生成了熟练工,充其量也就归结出一些应试的方法。这样的高考成绩还掩盖了考生的真实学业水平。试问一道数学题一遍就做对,和做了十遍甚至一百遍才做对,这样的高考成绩,怎样让高校选择学生?建议:恢复20世纪90年代高中正常教学两年半的做法。高三下开学至六月高考前,一段时间学校集中复习,一段时间学生自己准备迎考。20世纪一直是这样做的,60年代以前只留两个月呢。

高考试卷改革意见如下,目的在于为高校提供更多的考生学业信息。科目和分值:语文、数学各150分,政治、历史、物理、化学各100分。外语成绩不计入总分。在平时考,一年举行两次,允许考两次,取高分的一次。笔试和口试结果分三档,且有分数。一档为熟练阅读和写作,且具备听说能力。二档为熟练阅读和写作。三档为均达不到。外语档次作为各高校和各专业录取的必要条件,在考生填报志愿前公布。

录取分四个批次:第一批次为国家级一流专业数达到学校总专业数百分之五十的高校,第二批次为其他有国家级一流专业的高校,第三批次为一般本科高校,第四批次为只有专科的高校。

也许有人会担心,考试门数增加,复习迎考时间反而减少,学生负担是否会更重?这是以现在的思路推算出来的。第一,学生主要依靠每门课的正常学习,而非反复做题。第二,大家复习迎考的时间是一样的,考试科目增加后,原来重复刷题自然做不了,只能改为平时努力学习了。外语评价的改变是基于:即使在高校阶段,连大学英语教指委都承认英语是所有课程中投入产出最低的一门课,95%的大学毕业生不会口语。英语使得一部分学生成为学习困难学生,甚至毕不了业。而在实际工作岗位上大部分用不上外语。现在有了计算机翻译软件,阅读外语文献已经不难。

**五、提高研究生培养质量,是为国家输送高级专门人才的重中之重**

必须增加本科毕业生中优秀生的比例。要给"985"和"211"高校下指标,并且加以严格考核。

名师出高徒。建设一支名副其实和相应数量的高水平导师队伍。引进和自我培养双管齐下。

借鉴国际成功经验,改革研究生培养体系。五年制直接培养博士,两年制培养应用型人才,参加工作。为留住优秀本科生,可实行"3+5"本-博连续培养。

研究生应尽快实施高校自主招生。全国实行类似 GRE 的标准化考试,一年数次,达到的学生即可向高校提出申请。

借鉴成功经验,按专业招生。在前两年攻读学位课程期间,导师和学生双向选择。

实行导师责任制。何时进入博士论文阶段,何时组织论文答辩,由导师决定。事实已经证明,学校要严格把关导师资格:师德高尚,业务精良。切忌形式主义。导师带学生数要有限制,防止把学生当廉价劳动力使用。必要时可建立第三方评价监督机制。

## 六、发挥制度优势,提高办学水平

(1) 尽快提高高校办学水平。第一步由"985"和"211"高校对口帮扶其他本科院校。通过干部挂职和帮助实验室建设等提高办学水平;20 世纪 80 年代,部属高校办助教进修班和进修教师班,设立国内访问学者等帮助地方院校培养高中级师资是可继续实施的有效办法。第二步由本科院校对口帮扶专科院校等。

(2) 已经建成的示范高中帮助一般高中提高教育质量。可以用结对帮扶或组织教育集团等方式实施。

(3) 各级政府的财政投入向贫困地区和基础差的学校倾斜。

总之,努力办好各级各类学校是实现教育公平的前提,也是为了培养更多建设现代化国家的人才、解决就业难的根本措施。

## 七、遵循教育规律

教育的基本规律是有教无类,因材施教。教学的基本原理是循序渐进。其目的是帮助学生学会学习,学会思考,学会提出问题和解决问题。

什么年龄段学什么做什么最合适,必须形成共识。学生学习能力的差异是客观存在的。制订政策不能简单划一。学校和家长都要实事求是看待每一个学生,培养学生要努力做到一人一例。要承认任何考试的功能是有限的。

### 八、用好信息技术,努力提高办学效益

开设线上精品课程,实现资源共享。名师、名课、名教材是建设高水平教学的基石。由中央和省市教育主管部门做好组织实施工作。由教育部在"985"高校中确定一批基础课程,向全国优秀高中生开放,通过一定程序批准,在线学习,严格考核,在学生进入高校后,承认其学分。这个国际通行做法已经被证实是选拔和培养优秀人才的有效途径。

用大数据技术把社会的人才需求、各学校的培训能力和实际结果三者逐步形成统一。改变人才供需不平衡是提高教育效益的有效途径。

运用信息技术实现教育教学的精细管理。人才培养的质量是重点。用人单位的信息反馈通过大数据技术可以进行精细化的分析,可以用于第三方评估,从而推进高校的教育教学工作。

### 九、人才培养的社会责任

教育工作无疑是学校应该承担的主要责任,但是社会和家长同样责无旁贷。

(1) 社会各单位都应主动为大学生和中专中职生提供担任实习生的机会。这样学生毕业后,就可以比较快地适应实际工作。

(2) 现在不同行业、不同岗位的收入差距已经不小,而且还有继续扩大的趋势。加之家庭资产收入的增速比职工工薪收入的增速更快,这种

社会现象对学生的影响很大。应该重视个人和家庭收入差距保持在合理区间。尽快实施以家庭为单位的所得税制度，以控制基尼系数的过快增长。我国在2016年基尼系数已经达到0.465。

（3）社会应努力为学校的德育教育和劳动教育提供帮助。例如热情接待学生进行各项社会调查和社会实践，接受学生参加公益劳动和力所能及的工农业劳动。

（4）家长是学生的第一位老师。家长对孩子的影响怎么评价都不为过。教育者应该先受教育。怎样做一个合格的家长应由社会和学校两方面共同承担。要总结现有成功的做法和案例，加以推广。

## 十、关于社会办学办班及各种证书

（1）政府的法规已经基本完备。需要做到有法必依，执法必严。

（2）不论公办或民办学校，教学大纲范围内的教学和课外辅导工作都应由本校承担，不应该推给家长和社会。违反者，政府主管机关要严格追责。

（3）体育、美术、音乐等项教育属于学生全面发展的要求范围。政府和学校要按照学校设施和师资条件等实事求是确立标准。学生和家长应从实际出发，有偿参加社会办的兴趣班。政府和学校都不得列入统一考核。

（4）各项职业和专项证书培训，其类别、标准、证书和收费等，均由相关政府机关决定和检查。严格审核办班机构的资质和办班教学质量。重要的资格证书的考试考核应该委托第三方权威机构来组织。

2021年4月

# 就当下教育问题致陈吉宁同志

吉宁同志：

在未来五年的高质量发展中，教育是重中之重。当前的教育存在两个明显问题：

第一个问题，在强调教育公平时，因材施教严重不足。我们浪费了四年时间：为应对中考和高考，有两年时间不上新课，本科四年级内容严重不足，研究生阶段可以节省一年。

第二个问题，培养优秀人才力度不够，有相当一部分毕业生与社会需求不匹配而造成就业困难。在陈至立任教育部长期间，上海市是全国教育综合改革试点地区。高考独立命题和自主招生试点，高校插班生和专升本有效实施。以复旦和上海交大为组长的东北片和西南片高校联合办学，实行资源共享。20世纪90年代，在全国实施基础学科科研和教学人才培养计划实施中，复旦的文理科基地班和本科—研究生连续培养，有效培养了一批优秀人才。

建议：上海市应该第二次向中央申请成为教育综合改革试点地区。先行先改，取得经验。

## 上海市新时期教育改革建议方案（2023—2027）

### 一、义务教育阶段

以九年为宜。

（1）努力体现教育公平，不择校，政府制订考核标准，并按年进行检查。

（2）充实教育教学内容，在德智体美劳诸方面设立基本标准。

（3）通过参加社会公益劳动和家务劳动，树立劳动观念，培养劳动能力。

（4）通过参与社会调查等多种方式，让学生对社会有比较全面和一定深度的了解，为今后适应社会打下基础。

（5）通过担任社会工作和志愿者服务等，培养学生初步的工作能力。

（6）通过有效的方法，培养学生的社会主义、爱国主义和集体主义精神。

（7）通过教育和实践逐步发现和培养学生的个性化特点，为今后的因材施教打下基础。

（8）实施统一的课程合格考核，作为毕业和评优的重要依据。中考应作为高中阶段分流培养的主要依据。不组织统一的复习迎考，以体现学生的真实素养和能力。

### 二、高中阶段

按当时的社会人才需求，分别进入普通高中和职业高中教育，以两年为宜。

（1）鉴于上海近期已经完成课程教学内容改革，宜用五年时间实施和完善。

（2）普通高中应以大学对入学新生的要求，作为高中阶段的教育教学内容。归纳起来，主要是：基础扎实、思维敏捷、勤奋好学、身心健康。树立社会主义、爱国主义、集体主义精神和自主、自立、自律的个人素养。具备自学能力和一定的做事能力。

（3）中专和职高应该具备相应专业的基础理论和专业知识。具有相应专业和工种的工作能力。其中优秀毕业生可以通过考核直接升入对口的大专，实施连续培养。

（4）统一课程合格考试作为学生毕业和评优的主要依据。

（5）高考是高校选拔学生的主要依据。应体现学生的基本素养和能力。中学不得占用教学时间组织复习迎考，也不得组织复习迎考活动。

### 三、高等教育

（1）高校人才培养应实行供给侧结构性改革。从以高校培养能力为主逐步转变为以社会人才需求为主。努力满足新时期高质量发展的人才需求。大力培养社会需要的高级专门人才和各行业需要的专业人才。努力减轻高校毕业生的就业压力。

（2）以此为动力推进各高校的人才层次、专业结构、教学内容和培养模式改革。政府从毕业生的数量和质量两方面进行评估，决定对高校和专业的支持力度。

（3）改革招生制度。从以统一考试、学业成绩为主，逐渐过渡到综合评价。从部分博士生和双一流高校招生试点申请制招生。取得成效后，逐步推广。加强监督，以避免以往招生改革中的一放就乱、一管就死的规律。

（4）改善培养模式。对不同专业、不同层次的人才采用不同学制和教育形式，支持试点，以取得经验，再逐步推开。对基础学科和部分专门学科，采用3年本科加5年直博，已经被证明是可行的。关键在于本科群体的优秀和选拔直博学生的标准。对于应用型人才的培养，采用3年本科加3年硕士可大面积提高硕士毕业生的水平。应鼓励各高校为提高人才培养质量采取各种改革方案。

此前，市教委对我上述方案的回复意见是：上海基础教育和高中阶段教育执行的是四年前制定的"18方案"，目前还不到全面修订时期，只能做局部修改。高校尤其是部属高校的人才培养方案大多由学校根据各自要求和特点，自主制定。因此教委的同志表示，感谢您的关心，涉及整体教改的建议已收录，局部修订培养方案时作为重要参考意见。

祝春安！

方家驹

2023年2月

附1　方家驹简介：

1941年3月生。复旦大学高等教育研究员。

立志以为教育做奉献作为终身职责。实践是检验真理的唯一标准，对教育教学工作应以人才质量来衡量。

附2　联系方式：

上海市虹口区水电路1324弄9支弄15号201室

邮编200434　方家驹　手机：13818380227

三 心路历程

# 家驹人生感悟之一
## 感恩母亲，感恩新中国，感恩复旦大学

  1951年9月，我刚10岁，从浙江镇海乡下来到上海投亲才一年多，在上海信谊轧铜厂任会计的父亲突发脑出血去世。他才44岁啊！母亲年仅38岁。一个家庭妇女，带着四个未成年孩子面临的困境是难以想象的。想不到母亲会有一张中等师范的文凭，新中国需要教师，她立即报名参加了人民政府举办的短期师资培训班。三个月结业后，分配到闸北区正美小学任教。母亲的文凭从何而来？我们全家要感谢一位令人尊敬的长辈，祖父的胞弟三阿爷方善堉先生。这位事业有成的民族工商业者，曾经创办了青岛火柴厂等多家企业，新中国成立后担任长宁区政协委员。当年他出钱支持每一位子侄读书，接受中等或高等教育，我的父亲是中职文凭，我母亲嫁到方家的唯一要求就是读书，因此有了中师文凭。作为教师，母亲最大的愿望就是让每个孩子都接受良好的教育。大哥读中专是父亲在世时就决定的，我们其他三个弟妹都受到了高等教育。

  我们要感谢新中国。新中国成立后，全部学校收归国有，免收学费和杂费，实行统一的升学考试制度，这才让我们有机会完成学业。在母亲的支持和鼓励下，经过努力，我们都没有辜负国家和母亲的期望，做出了我们应有的贡献。大哥1954年从上海船舶制造学校电焊专业毕业，年

仅17岁就带着半个班级去了武昌造船厂，20岁入了党。几年后母亲收到了大哥寄自兰州的家书，得知他调到保密单位工作了，时隔多年后我们才知道，他是被调到二机部搞原子弹去了。20世纪50年代的中专生既能设计又会制造，大哥担任了中心试验室主任，越级提拔为工程师，后来长期工作在四川大三线山沟沟里。母亲一直默默地支持着大哥的工作，在三年困难时期，她心疼儿子，将上海全家的鱼票、肉票购买罐头食品寄到兰州去。二哥在复兴中学毕业后考进北大首届计算数学专业，又顺利进入软件专业读研究生，毕业后分配到华北计算所。二哥由于工作成果显著，被任命为副总工程师，还享受国务院特殊津贴，一直工作到70岁。小妹复兴高中毕业后考入北京化工学院，1967年毕业时全部四个面向，分配到淮安化肥厂，几年后调入南通生化制药厂，一直在生产一线工作，以高级工程师身份退休。母亲把自己的孩子无条件培养成新中国建设者，我大学毕业时，她支持我全部填报外地志愿，能留校工作完全出乎意料。

1960年我从复兴高中毕业考入复旦大学数学专业，开始了我在复旦的学业和职业生涯。是复旦给了我一切，我也将毕生献给复旦，以报复旦之恩。

第一，是复旦教会了我如何学习。五年的大学让我获得的不仅仅是一张数学专业的文凭，而是教育我要学习一辈子。我记住了陈传璋、谷超豪、夏道行、郑绍濂等名师，也记住了担任我们助教的朱学炎老师。抽象的数学分析证明题难倒了我们许多同学。朱老师的30人小班习题课至今难忘：重复大课我们没有真正理解的内容，分析我们作业中发生的各种错误，无事先通知的随堂小测验。我还记住了他多次提醒我们上大课前必须预习，看看自己能理解多少，五年里多少门课程这样的重复，培养了自己学习的习惯和能力。留校工作以后，我们许多老师和一二年级同学一起学习计算机专业知识，1975年都成了新设立的计算机系教师，只读过一年大学的方之熙同学还直接考上了美国一流大学的数学和计算机专业博士，他后来还担任了英特尔公司的高管。我一直告诉每一位学生，在复旦最重要的是学会学习，而一二年级的学习尤其重要。

第二，复旦教会了我做事。大学五年我做了五年共青团和学生会工作，知道了如何学习做事。我有幸在年级党支部书记李为监老师、毕业班辅导员罗文化老师和党总支龚雅如学生委员领导下工作，获益良多。印象最深的是让我负责1968级迎新工作，在我带领老同学打扫毕业班离开后留下的一地垃圾时，看到党委书记杨西光同志带着许多学校干部来检查迎新工作了，我第一次感到已经担起了学校的一份责任。留校以后的第一份工作是当了三年印刷电路板生产小组长，小组一共六个人。后来到了计算机工厂，有五六十位技术人员和工人，我有了副科级的职务，六年下来，经历了工厂的起死回生。1984年，学校调我到科技处处长沙麟兼任的科技服务部任正科级的副主任，挑起了组织全校几十个院系的科技服务工作。1986年科技服务处成立，担任了副处长。1988年9月调任学校经济管理办公室主持工作，1991年任主任。从1965年8月留校，经历了数学系、物理系（名称应为四一工厂，主体是元件车间，工厂主要领导苏九令等都来自物理系）、计算机系，以后是生产物资处计算机工厂、科技处科技服务部、科技服务处、经济管理办公室。复旦给予我的是不断变换的岗位，不断地压担子。我感受到的就是不断地学习做事，因为学校信任你，其间有自己选择的，也有服从学校安排的，但都是心甘情愿的，因为是复旦培养了我，我就应该为复旦做事。

第三，学习做人。大学时，我们有幸学习了三门课：曹沛霖老师的马克思主义哲学、蒋家俊老师的政治经济学和青年教师颜广林的科学社会主义，比较系统地受到了马克思主义理论教育。加上从小接受的集体主义和爱国主义教育，使我终身受益，也努力在日常学习、工作和生活中指导自己的行为。

　　1993至1994年对我来说是一生中一次重要的选择。1993年初，在我任经济管理办公室（以下简称经管办）主任时，突然接到通知：学校决定撤销经管办，将工作分别移交人事处和财务处。感觉自己一下子从工作繁忙之人变成了无业游民，在毫无思想准备之下，难免会胡思乱想，连主管领导也无言以对，我感到他在努力帮我寻找新的岗位。正在此时，一直关心我这个无党派干部的党委统战部部长对我说，党委准备推荐我去上海市人民检察院任职，说我一定可以胜任。我认真想了三天，去还是不去？这年我已经52岁了。去一个完全不了解的地方担任一个一点不熟悉的领导岗位，对我这个一直在基层做实际工作的人，反差实在太大。去了名利是明显的，以前复旦已经有一位党外老师去当过副检察长。但是我认为自己不能适应，因为我的经历和个性是只肯做自己认为值得去做的事。最后我很不好意思地告诉关心我的部长，自己不能去检察院的两条理由：年过五十并患有十年高血压。

　　这样过了一年，新上任的党委组织部部长在常委会议上又提出了我的工作安排。程天权副书记说，他来安排，会后即找我谈话，说发展研究院有一百万元资金想通过成立公司运作起来，希望我去帮他把把关。我当即表示感谢，并同意担任行政经理，因为他已经选好了业务和法律两位领导。同时我说希望将我的编制放到教务处去做一些实际工作，并且保证做好公司工作，天权同志当即表示同意。

　　1993年杨福家出任复旦大学校长，提出把复旦办成世界一流大学的宏伟目标。我在学校机关工作期间，对校情有比较全面和深入的了解，感到只有本科教育最有条件去实现复旦成为世界一流大学的梦想。谢希德校长在任期内做到了让美国一流大学认可复旦本科的学历和学分成绩,亲自推荐复旦本科生报考美国名校攻读博士学位。我申请到教务处去做本科生培养工作,并且得到了主管校长的同意,因为我只要求去做普通工作人员。

最后结局是,程天权同志升任党委书记,公司没有成立。我到教务处去当了普通一兵,开始了一份自己选择的心甘情愿的工作。我从1994年12月到教务处工作直至以高等教育研究员身份退休,以后又返聘了11年,最后71岁才恋恋不舍地离开了自己喜欢的工作岗位。可以说这是复旦教我怎样做人的实际写照。

复旦教我学会学习,学会做事,学会做人。我认认真真地去做了学校交给的每一份工作,要求自己不求最好,但求更好。学校也给了我很多:职称、住房、荣誉等。我要求自己,对社会的贡献要大于从社会得到的。这个正数越大越好,时间越久越好。怀着感恩之心,开开心心过好未来的每一天。

2020年春

# 家驹人生感悟之二

少壮不努力，老大徒伤悲。

1978年至1993年是我人生遇到困难最多，但也是得到磨炼最多的岁月。

## 一、计算机工厂

1978年至1984年上半年，我在计算机工厂任职。1975年2月，计算机系成立。王零同志任革委会主任。原四一综合电子厂整机车间的计算机生产线整体并入计算机系。1978年12月，学校决定成立生产物资处，计算机生产线成为下属的计算机工厂，任命乐伦富为厂长，方家驹和俞根富为副厂长。这是我1965年留校工厂后担任的第一个副科级职务——技术副厂长。

计算机工厂共有职工50余名，小型多功能djs130计算机是主要产品。该机采用本校生产的双与非门集成电路、磁芯存储器，以电传打字机为输出、输入设备，售价10万元人民币。1980年前后，国门打开了，中大规模集成电路和性高价廉的同类计算机进入国内市场，我们的产品完全滞销。计算机工厂只能靠加工电子厂的325示波器维系，以免完全停产。屋漏偏逢连夜雨，厂长被学校调任要职，任命我主持计算机工厂工作。原来协助厂长工作的我,一下子被推到风口浪尖。此时又传来计算机工厂应该倒闭的传言,而计算机系又表示欢迎我回去任教,何去何从?面临两难选择。

1968年教育革命开始,我自愿报名参加数学系办厂组。工宣队宋师傅安排我担任印刷线路板六人小组的组长,他亲自动手,带领我们把608教室改装成了工场。几经变故,现在搬到了计算机楼,这50多位都是风雨同舟的战友。今天我若退缩了,既对不起自己也对不起朋友。于是我决定:干!首要任务是找替代产品呀!真是天无绝人之路。杨胜球从庐山参加全国计算机实验工作会议回来,说我们工厂为计算机系加工的计算机组成实验仪受到高度评价,计算机组成这门课有了让学生设计一台计算机的机会。这样我们就有了第一个吃饭产品。我又从实验仪主设计师涂时亮老师处获悉他已经开始设计单片机开发装置二型,一型转让给了启东乡镇企业。由于缺乏技术力量,二型从产品调试到推广应用,处处都要请涂老师到现场,我立即请他把二型转让给我们。我说,你对我们是很了解的,硬件只要给一张草图就行,软件全权由你负责,这样就免除了技术外泄。达成共识以后,我立刻去找计算机系有关领导谈生意了,不出所料,他们还不肯呢。乡镇企业政策灵活,给的钱多而且还是现金。但是我也有底气,涂老师的态度至关重要呀!钱是系里大家分的,做事可是他一个人,而且除了上课,他希望有更多新成果。最后我们达成友好协议:一是全部技术成果归系里;二是产品利润大头归工厂,系里得小头,一年的厂长基金5 000元全部给系里使用。

可是难在主要元器件中大规模集成电路全是进口的,从涂老师处获悉他们是从广州购来的。但是我们需要的量要大很多啊!我打报告给处领导,可是批不下来。一打听,才知道是一位主管进口的副处长不同意,说广东那里骗子太多,汇去那么多钱很不安全。我于是直接去找汪幼兰处长。我对他说,我们产品有了,但是没有进口器件还是做不成。我已经问过涂老师了,这个窗口属于总参三部,第一批我亲自带三万元去,做到人在钱在。如果你们还不同意,那就另请高明。汪处长立即表态:同意。

第三步,请处里聘一位技术副厂长,充实领导班子。1969届的徐祥康是我心目中的不二人选。我同时请他接手开发新产品——单片机开发装置二型。不久,他和俞士娣一起不但成功开发出新样机,并且顺利投产。出乎意料的是,他俩还同时为用户开发出单片机应用系列部件和相应的应用软件。

依托这两项单片计算机新产品快速推向市场,1983年全厂年利润已经达到30余万元。作为科技企业,中专及以上学历的科技人员占全厂三分之一。这支队伍年轻,学习能力比较强,业余中专班的开办,也为我们雪中送炭,他们成了青年职工中的技术骨干。前面三年乐伦富厂长的规范管理,为新产品的快速投产奠定了基础,俞根富副厂长领导的生产线确保了新产品的质量。我至今仍然对我们三个人的黄金搭档记忆犹新。有了这个班子才能使全体职工团结一致,克服种种困难而扭亏为盈。我本人得到了人生第一次磨炼。

## 二、科技服务部(处)

1984年中至1988年中,我在校科技服务部(处)工作。

(1) 我的调入经过。1983年和1984年,谢希德和林克先后出任校长和党委书记。为改变"造原子弹的(待遇)不如卖茶叶蛋的"情形,上海市政府决定把大学教师的全年奖金从72元提高到540元。我们复旦是市级精神文明单位,可以增发67.5元。上海市属高校由财政拨款发奖金,复旦大学是教育部的部属大学,要通过科技服务创收筹集资金。党委决定由基层选调三名干部充实科技服务部。在我调入科技服务部以后,沙麟主任找我个别谈话,才知道和他有直接关系。教育部曾将各高校半导体专家集中到北大一段时间,谢希德教授回来时把沙麟同志调入了复旦。1983年他从美国做访问学者回复旦,我们是在第三食堂认识的。大家都因工作原因,每天下午一点才去就餐,他就了解了我的工作状况。在他出任科技处处长以后,能够把技术变成钱的人正是他要找的人,是他通过谢校长把我推荐给了党委。1984年11月,学校成立了独立的科技服务部,沙麟兼主任,陈苏阳任第一副主任,方家驹和杨根元为副主任。新办公楼302原党委会议室改为科技服务部的办公地点。

(2)科技服务工作。关于我们三个副手的工作,陈苏阳负责筹建复旦大学科技开发总公司,杨根元筹建电光源公司,我也就顺理成章组织院系开展科技服务工作了。

我从基层来到中层,面对那么多的院系领导,心理压力巨大。一次,我发通知召开院系分管领导会议讨论如何开展工作,沙麟同志就把我找去了,说只有校领导才能找他们开会啊,因为我们是平级的,必须以校办名义发会议通知。年终,在林克同志组织召开的座谈会上,我就提了意见:对新干部应该进行培训呀!之后我才知道,复旦就是无师自通的。在工作中,我记住了林克同志的一句话:不给钱就给政策。于是我们复旦、交大就和高教局到上海市工商局、税务局和财政局要来了开展科技服务的各项优惠政策。

复旦是一所以教学和基础研究为主的大学,科技服务创收能力比上海交大差了不止一个档次。可是高教局科技服务办公室包芝伦处长,在成立上海高校科技服务政策研究会时,他自任会长,却推荐复旦担任副会长,说复旦的工作经验会对各高校有帮助,因为遇到的困难都差不多。真的,首先碰到的就是老师的传统理念:多发奖金应该是政府拿钱,怎么能叫老师创收呢？我来自基层,说不过教授们,做起来再说。到各院系一了解,各有千秋:生物系有谷氨酸发酵,化学系有催化新技术。成教院和国际文化交流学院是创收大户,教务处负责招收的进修教师每年达到500位,就连马列部老师都忙得不可开交,因为各类成人办班都少不了政治课。我们还试图组织了一个"大课题",材料系方之烈老师和计算机系周新老师合作,承担了上海市港务局的船期大屏幕显示系统,项目标的达到20万元人民币,创下了复旦历史上横向科研的新纪录。为了帮助物理系克服困难,同意将去离子水以太空水立项,把集成电路生产线停产后的设备利用了起来,同时又解决了师生和家属居民区安全饮用水问题。这项供应直到前两年物理楼大修才终止。

  科技服务创收的收入分配是件大事。党政联席会议每个学期结束前都要听取一次汇报。因为市财政局给了科技服务可以提取毛收入30%劳务酬金的优惠政策,党委指示既要鼓励直接人员又要稳定计划内的教学科研人员,既要考虑院系也要兼顾党政机关和公共服务部门。为此我们真是绞尽脑汁,听取各方意见,并且在实践中不断加以完善。我们还碰到了一个难题:有人认为,对于科技服务,只要多给钱就可以了,技术职称不予考虑。但是我们这些教师出身的人,深知什么更重要。当时有一个实例:为复旦大学获得第一个国家级科技进步一等奖的尚汉冀老师晋升不了教授,理由是数学基础理论没有重大成果,为此在千岛湖全校科技工作会议上发生了争论。我们认为中央关于科技体制改革的文件明确提出,科学技术要面向经济建设主战场,复旦理应严格落实。会后学校通过直接下达一个教授名额,圆满解决了问题。我在复旦开展科技服务五周年的总结会上,说了这样一句话:经过五年努力,科技服务在复旦大学取得了合法地位。时至今日,纵向和横向科研已经一视同仁。

1986年3月学校任命陈苏阳为科技服务处处长,我和杨根元为副处长,1988年我们三人同时晋升高级工程师。科技服务处于1992年11月并入科技处。我记得科技处成立于1986年2月,但是《复旦大学百年志》科技处一节中说是1985年10月。我没有去考证过。

### 三、经济管理办公室

1988年9月至1993年5月,我在学校经济管理办公室工作。

（1）调学校经济管理办公室主持工作。经济管理办公室成立于1987年8月,由原财务处叶家瑨处长任主任。1988年9月叶主任因健康原因急需休息,学校决定调我去主持工作。行前华中一校长找我谈话,明确科技服务处副处长身份不变,去主持经管办工作。直接接手的工作是：五个院系试行工资总额包干,数学系等四个单位是缺编单位,仅电子工程系为超编单位。方案主要内容是：缺编单位学校以年教职工平均工资给予补贴,超编单位以此标准用科技服务收入上交学校。考虑到院系承受能力,试行初期只付不交。

（2）到任后才知道,除已经明确由各部处承担的,凡与经济有关的工作都落到了经管办。有了科技服务工作的经历,我首先要求学校成立了以强连庆和汪幼兰两位副校长任正副组长的校经济管理领导小组,领导全校经济工作,重点是工资外的创收和收入分配。因为创收工作政策性强,收入分配涉及教职工切身利益。我的工作集中在关注实施过程和提出意见和建议,统筹兼顾各方利益。

（3）依靠纪委领导,保持学校良好的经济秩序。当时全国经济活动非常活跃,各行各业大办公司。我们学校的办公司热也不例外。许多院系和后勤部门都办起了公司,各主管领导都有审批权,而且都得到了经营权和独立财权。在计划外办班中,发证和收费也各行其是。为此,政府主管部门开展了各项整顿治理措施,不断加强监管力度,对各种违法违规违纪现象,也出台了各项处理措施。根据上级要求,学校也成立了相应的领导小组和办公室,上海市的机构设在纪委,我们学校也以纪委为领导,统一组织监察处、审计处和经管办协同工作:经管办的主要任务是创造良好的政策环境和制订规章制度,以防患于未然;审计处依法审计,及时发现问题,举一反三,堵塞漏洞;纪委和监察处则在发现违纪违规问题时,及时通报批评予以制止,或予以纪律处分。

有一件事至今印象深刻。由职工富余人员组成的劳动服务公司,生产了"920"粗制品,每千克40元。但经某电子公司炒作,竟然卖到了每千克一万余元。当我们得知此案将以上海市十大违法案例见报时,感到问题十分严重:一所著名高校,以高科技产品投机倒把,如果用到杂交水稻,将会颗粒无收,典型的坑农。我们立即向华中一校长汇报,请他写一封亲笔检讨信。我请张祥生总务长和生物学专家李致勋教授一起到市里去当面检讨,希望不要见报。去了以后,我们才得知,上海市人大常委会已经有了内部简报,由于处理及时,态度诚恳,终于取得了市里的谅解,保护了学校的声誉。我们都吓出了一身冷汗。

(4) 清理整顿公司,成立统一的校办产业管理机构。上级文件下达后,学校成立了以严绍宗副校长为组长的领导小组,由经管办实施。此时,我已经被任命为主任,但是成员仍仅有我一个。首先是整顿,然后是重新登记。经报请严副校长同意,公司存在一般问题的,自行改正;问题突出的劳动服务公司,在学校帮助下整改。于是我就和公司领导班子对公司的经营项目和物资财务进行了逐项的检查。公司成立数年,员工数十人,历经三任经理。经过清理,保留了 pp 40 智能打印机产品和复旦照相馆等若干有效益的经营项目,清理出报废库存和无法收回的资金约100万元,报请学校予以核销。实际上我对此公司早就关注,问题已经先后暴露多起,是在事前请示严副校长同意以后才下决心去做的。在公司第四任经理上任、公司的主管领导要求把公司办成高科技产业时,经理明确表达了异议,因为他反复阅读了我们的整顿报告。这件事情的经历成了我人生的一笔财富:如何处理复杂问题。

(5)参与人事分配制度改革方案的制订和组织实施。学校成立了领导小组,钱冬生书记亲自主持,行政参与的是常委兼副校长严绍宗。某天晚上,老钱把徐明稚、张一华、奚树林和我找到十二宿舍陈望道先生住宅的一楼会议室开了个小会,说成立了领导小组,但主要工作还是由你们来做,从人事、财务和收入分配三个方面来设计方案。人事方面主要是定编及聘任,财务主要是投入的资金和绩效津贴的标准,制定总体方案的任务就落到了经管办。为了弄清楚领导的分工,我特地找了华中一校长。他明确告诉我,严绍宗是代表他的意见的,而且说,有不明白的可以直接找他。高等院校人事分配制度改革已经进行了两轮试点,第一轮是南大和东南两校,时任国家教委主任朱开轩去南京。第二轮试点,上海是华东化工学院,这次是全部直属高校,主要任务是通过定编和聘任打破大锅饭,把教职人员的收入与工作挂钩。据试点经验介绍,南大的做法是,工作量达到75%的人可以聘任,学校要进行验收。华东化工的主要经验是学校成立人才交流中心,统一把各院系不聘的教师组织起来。复旦领导为了掌握各院系教师承担工作的情况,钱书记在他的办公室轮流听取各院系汇报,每次都让我旁听。为此,我的工作手册用去了不止一本。归纳起来,各院系的工作就是教学科研、计划内外,但是内容千差万别。这个方案应该从何处入手呢?

这样就制订了以工作量取代编制的方案。学校按照各院系实际完成的工作量下达可聘任的教职人员数和绩效津贴总额,各院系负责聘任工作。为鼓励大家多承担工作,对工作量暂缺的单位有缓冲的过程,将文件规定的聘与不聘两种改为全聘、半聘、缓聘和不聘四种。这样就避免了教师下岗的压力，把工作的重点放到争取多承担计划内外的各种工作上。经过反复论证，学校通过了这个方案，并且顺利实施，没有引起教职人员情绪的波动。我第一次体会到上级文件的实施应与各单位的实际相结合。之后，在市人事局召开的一次汇报会上，复旦的做法也受到各校重视。在1999年申请正高职称时，我将此项工作总结作为三篇论文之一，也得到了评委的认可。

校产管理机构的成立和人事分配制度改革方案的完成，意味着经管办的历史任务已经完成。1993年5月，学校决定撤销经管办，相关工作分别归入人事处和财务处。

# 家驹人生感悟之三
# 找到了一生喜欢的工作——培养本科学生

1994年12月,经过复旦大学领导同意,我以一个普通工作人员的身份来到教务处上班。

缘由是1993年5月,学校决定撤销经济管理办公室,这样我就有了一次重新选择工作的机会。在学校机关工作十年,我对全校各项工作有了比较深入的了解。谢希德校长在1993—1998年任职期间,提出了复旦大学应该办成综合性、研究型、高水平的大学。她老人家经常奔走在中美两国之间,使得复旦大学的本科学历得到许多美国名校的认可,并亲自推荐优秀本科生到美国名校读研。1993年杨福家校长上任不久,就提出要把复旦大学办成世界一流大学。于是我就想,我应该为把复旦大学的本科教育办成世界一流出一份力,作为我在复旦的最后一份工作。在严绍宗副校长的关心和陈建新副处长的安排下,学校给了我办理科基地班和课程教材建设两项工作。

1994年12月至2001年3月的任职期间,我参与了创办94,95,97,98和99级五届理科基地班,以及95,97,98和99级四届文科基地班。30年过去了,当年的付出已经结出了丰硕的成果。课程和教材建设工作产生了一批有复旦特色的名师、名课、名教材,复旦大学在当时全国和上海市的教学成果奖和优秀教材评奖中名列前茅。我的工作也得到了学校的认可：在1999年退休前夕，晋升为高等教育研究员。

2001—2012年，蔡达峰、陆靖和陆昉三任处长相继返聘我在教务处工作了11年，让我有机会为复旦大学本科实现世界一流而出力。我主要参与了下列工作：2012年的培养计划修订，全部专业分为七个大类；设立数学与自然科学、人文科学、社会科学与行为科学、医学和药学四大模块通识教育课程，并打算三年后进行招生改革。2005年成立一年制的复旦学院，按七大类招生，一年后划分专业。下设四个书院进行教育和管理。聘任书院院长、专职导师、兼职导师和辅导员。专职导师共十名，我荣幸获聘（2005年8月—2012年6月），并受命开展学生导航计划的系列讲座："成才之路""学在复旦""专业、职业与社会""培养复合型人才"，共四讲。同时每周安排一次导师接待日。

2005年，我受命起草《复旦大学百年志》本专科篇第一稿，合作者有徐红老师。参与首次教育部本科教育对我校的评估准备工作；受浙大之邀，以及陆靖处长委托，担任预评估组长，回来后建议要认真准备三年的考卷和毕业论文的存档工作。我们连续三年对试卷和毕业论文做了规范管理和存档，聘请校外教育部评估专家对试卷和毕业论文进行抽评，并针对发现的问题进行认真整改，对提高教学质量起了很好的作用。2009年，我建议建立教学秩序督导组和物理学基础课督导组，为以后建立本科教学督导制度做了先导。

2003—2005年，我受校方之聘，担任《复旦大学百年志》编写组五名成员之一。

2012年6月20日，我结束了在复旦大学的工作，去美国帮助女儿带孩子，开始了在中美两地轮流居住半年的生活。利用这个有利条件，我开始了对中美两国的比较研究，主要集中在教育、人才和高科技三个领域。经过观察和思考，以合适的方式，介绍适用于我们社会和工作中的有积极意义的内容和方法。

希望在有生之年看到复旦大学的本科教育达到世界一流。

# 家驹人生感悟之四
## 学历是铜牌,能力是银牌,人脉是金牌,思想是王牌

### 一、学历是铜牌

我在家乡农村小学读了两年半,到上海停学半年以后插班到一所只有半个篮球场的私立小学。幸运的是,班主任兼数学课的林健根老师让我喜欢上了数学,我们班上数学成绩最好的三个同学中有两个考进了上海市重点中学——复兴中学初中部。我考进复兴中学后立即戴上了红领巾,初二又加入了新民主主义青年团,还担任了副班长。在升学率很低的1957年我又顺利地考进了复兴中学高中部,并连续三年当选班团支书。1960年是大学录取率比较高的一年,我如愿考入江南第一学府——复旦大学,念的是数学专业,五年后毕业分配时幸运留校工作。

在更加看重学历的今天,我总结出三点供学生和家长参考。

第一,教育改变命运,能力重于学历,及时确定目标。来自社会中底层家庭的孩子,要努力争取接受优质教育。各级名校具有高质量的教育资源,名校在教学过程中更看重对学生能力的提升。以数学为例,可以提高理解力,增强记忆力,坚定克服困难的意志力。语文课应努力提高学生的阅读能力和表达能力,口头表达能力尤其重要。学校要及时引导

学生确定阶段性的目标和实现目标的可行途径。

第二,在我们国家,每名学生都必须通过中考和高考升学,分数成了评价学生的唯一标准,追求高分成为学习的唯一目标。我的体会是,学习成绩是接受教育的结果,而学校更重要的是让学生学会学习,学习做事和学习做人。高中阶段显得尤为重要,学生在成为成年人的同时,又要为进入培养专门人才的大学做准备。那么,大学需要怎样的高中生?我以为,在学业上要达到基础扎实,思维敏捷,勤奋好学,身心也要健康。在学习和生活中要做到自主、自立、自律。

第三,我国的高等教育已经进入普及化阶段。在经济和社会进入高质量发展的今天,高校毕业生能否满足社会需求已经成为高等教育的头等大事。大学教什么,学什么,怎样教,怎样学,应该成为学校、教师和学生共同思考的问题。

### 二、能力是银牌

我以自己亲身经历告诉各位能力的重要性。

(1) 1965 年,我从复旦大学数学系毕业留校是因为大学阶段表现出的办事能力。1965 届毕业生分配时,系里的教学编制已满,继续留人就得是研究生学历,所以留人大量减少,留下的是能从事各种非教学工作的毕业生。我在大学五年里,大一担任年级团总支宣传委员,大二至大四担任系学生会副主席,其间负责了一次 1963 级新生的进校工作:由我组织同学配合年级辅导员在一周内,从打扫寝室卫生、迎接新生入学,到成立新生学生会组织全部工作。当我们进入宿舍区时,因为毕业生刚刚离校,垃圾狼藉。就在我们开始打扫之时,党委书记杨西光同志带着一队校办老师踏着一走廊垃圾从我们面前走过,此情此景至今难忘。在我之前,1964 届的王世业和数训班的李家豪两位系学生会副主席已经先后留校，我是第三个，这件事前几年我从负责我们年级毕业生分配的罗文化老师处得到了证实。

（2）1978—1984年，我在物资处计算机厂工作期间被任命为技术副厂长。当时乐伦富同志担任厂长，数十名工人和技术人员生产全国产化的小型多功能计算机。至1980年，因工作需要，乐厂长调离，领导要我全面主持工作。不料当时正值对外开放，同类性能更好的进口计算机价格只有我们的一半，迫使我们只能停产。此时，又传来计算机厂可能解散的消息，计算机系也欢迎我回去任教。这引起了我的思想斗争。我可以一走了之，但一起工作多年的数十位同事怎么办？若硬撑着不解散，我们的产品又在哪里？天无绝人之路，技术员杨胜球告诉我，我们为计算机系加工的计算机组成实验仪在有关会议上受到兄弟高校的一致好评。我立即找到了设计该实验仪的计算机系涂时亮，请教批量生产的可行性，同时找到系领导讨论技术转让事宜。

有了第一个产品，计算机厂就有了生存的希望。我向处领导做了汇报，首先要求任命徐祥康同志为技术副厂长，生产仍由俞根富副厂长负责。乐伦富任厂长期间建立了比较完整的管理制度，对人财物、供产销都有明确的职责分工。但是新开发的实验仪器在投放市场前必须完成产品化和商品化两个阶段，这是我们工厂急需完成的任务。这个任务首先要由我承担起来，我立即请徐祥康副厂长分析批量生产中的技术问题和人员培训。因为实验仪使用了进口元器件，批量生产以后如何解决这一问题完全没有先例，只能留给我自己来办。此外，首个产品的主要用户是高校，需求量有限，必须开发第二个产品。我听说涂老师用进口单片机设计了单片机开发装置，已转让给外地社办企业生产，他正打算设计二型开发装置。我立刻和涂老师商量，由我厂和他共同设计：软件由他负责，硬件由他提供草图，由我厂完成全部硬件设计和制造。在和计算机系有关领导讨论时,由于涉及利益分配问题,社办企业有许多灵活政策,而我们是国有企业,难以做到。后因社办企业的技术力量不足,事事需要麻烦涂老师,而我厂只要涂老师提供软件和一张硬件草图即可,不久合作谈成。在徐副厂长的主持下,二型开发装置很快完成设计并投产。为了方便用户将该装置应用到各单位的自动控制系统,我们设计了积木结构的功能模块,方便用户按需组成各自的系统。至于进口元器件,最后由我本人带着三万元现金亲自到广州买回来了第一批。在我们全体职工的努力下,三年后计算机厂扭亏为盈。接着,我们又将电子工程系硕士生闵昊在莫斯科展览会上获得金奖的自动绣花机作为第三个产品引进到我厂。

(3) 1994—1998 年,我在科技服务部(处)工作。为了改变"造原子弹不如卖茶叶蛋"的状况,上海市政府决定大幅提升大学教职工的奖金,但是资金来源于同级财政。复旦大学是委属高校,只能自行组织创收来筹集奖金。我奉命调至校科技服务部,在校党委林克书记的直接领导下,组织各院系和机关有关部处立即行动,对我来说是全新的任务。我们抓住了组织创收和收入合理分配两项重头,根据各院系的特点,以技术培训为重点,同时开展技术开发、技术转让和技术服务。在以林克书记为组长的科技服务领导小组的直接指导下,党政联席会议每个学期听取一次汇报。仅三年时间,科技服务从年收入 200 万元上升到 1 000 万元。4 000 人的年均奖金收入从 72 元提高到 600 元。按政策,我们还得到了每年 300 万元的劳务酬金(人均 750 元),学校财务可提取 100 万元管理费和 200 万元的发展基金。科技服务的全面深入开展,提高了我校的社会服务能力。我本人也在 1996 年被提升为副处长,1998 年晋升高级工程师。

(4) 1989—1993 年,我在经济管理办公室工作,这是只有一个人的机构。经管办成立于1987年7月,当时叶家瑢主任突然生病,需要离职治疗,推荐我去接替他的工作。学校领导决定,我的身份仍为科技服务处副处长。1992年11月,科技服务处并入科技处,学校任命我为经管办主任。这个改革开放早期的产物,是学校为了适应复杂经济环境而设立的。我接手时,正在五个院系试行工资总额包干,同时应对政府部门的各种检查,完成学校领导布置的各种任务。这个部门,1990年11月前由汪幼兰副校长领导,此后由严绍宗副校长领导。回顾当年,印象最深的有几件事情:

① 在钱冬生书记和严绍宗副校长的领导下,制订人事分配制度改革方案,我受命起草总体方案。按中央文件精神,高校教师按编制实行聘任,工作量必须达到75%。以教学为例,每周满工作量为6学时。教育部给我校定的编制是按计划招生人数折算,还有理科科研人员300个名额。在调研过程中,校领导让我全程听取了各院系的情况汇报,使我对实际情况有了全面的了解。我们的方案有了两个重大突破。一是将按编制聘任改为按工作量聘任:因为科技服务增加了大量工作,文科科研工作量早就存在,相关人员却没有编制。按工作量聘任既符合实际,又增加了大量岗位,可以调动积极性,还能减少下岗带来的消极因素。二是将文件规定的聘与不聘,修改为:文件实施设立过渡期,在此期间,有全聘、半聘、缓聘和不聘。鼓励大家用增加工作量来消除下岗可能带来的社会不稳定性。我们还首次提出学校实行二级管理:充分发挥院系的作用。学校组织有关部处组成工作机构,确定各类工作量标准,并下达到各院系。例如科技服务以每收入2.5万元为一个工作量。文科科研以项目数、经费数、完成的论文数和专著数四项来确定工作量。这个方案经党政联席会议多次讨论后,获得通过并得到顺利实施。试行阶段,教师都努力争取多做工作,基本上不下岗。

② 在严副校长的直接指导下,学校对劳动服务公司进行了全面整顿,由几十位下岗职工组成的这个公司,学校多次注资,历经三任经理。经过逐个审核,保留了 pp 40 打印机和照相馆等若干有效的经营项目。最后核销的库存物资、无法收回的应收款等合计上百万元,终于堵住了学校的资金流失。

③ 按照上级文件,对历年通过不同渠道成立的校办企业进行重新登记和审核,移交新成立的校办企业管理机构,消除了多方审批、分散管理的不良后果。

④ 建议学校按教学科研、党政机关、公共服务、后勤保障和校办企业五种不同类型进行经济管理和收入分配,在收入分配上保持相对的平衡。

在这一个人的机构工作,对我而言是很大的挑战。我随时随地要去面对各种没有先例的工作任务,学校领导要求尽快建立制度加以规范。很多事情涉及多个部门的工作和不同群体的利益,要防止一不小心产生不良后果。对于我来说,无论是工作能力还是心理素质,都得到了提升。我得到的学校领导的指导和帮助也是前所未有的,他们在各方面对我的支持令人感动。我非常怀念这个时期的经历,感谢学校给了我特有的服务机会。

(5) 1994 年 12 月—2012 年 6 月,我在教务处工作。1993 年 5 月,学校决定撤销经管办,在安排新的岗位以前,学校要求我帮助有关部门实施人事分配制度改革方案。几个月后,统战部鄂部长找我谈话:党委推荐我去上海市人民检察院工作。而我本人想去严副校长领导的教务处工作,为复旦大学创建世界一流本科做一份贡献。学校尊重我的选择——到教务处担任一般干部。在人事分配制度改革方案制订中认识的教务处陈建新副处长真诚欢迎我,就把他分管的教材建设和创建理科班的工作交给了我。

作为一个基层普通干部,经过五年努力工作,我居然把这两项工作做得成绩斐然,在1999年底晋升为高等教育研究员,连我自己都很意外。我确实做出了最大的努力,但重要的是得到了学校和教务处、学工部、招生办领导的全力支持,依靠的是院系领导和广大师生的共同努力。我为能在复旦工作而自豪。退休以后,教务处三任处长先后返聘我11年,让我为复旦的本科教育继续努力工作。

### 三、人脉是金牌

我之所以能够在三至五年内完成前面这些充满挑战的工作,完全是由于复旦大学有丰富的人力资源,有各种优秀人才。我以亲身经历加以佐证。

(1) 计算机工厂是我以技术副厂长(副科级)身份第一次担责,厂长乐伦富是复旦培养的一位优秀调干生,学徒工出身的干部,原任计算机系副主任。前三年,他以经验和能力把工厂打理得井井有条。此时,学校把他调任重要工作岗位,让我主持工厂的全面工作。不料,此时进口的先进计算机把我们的主打产品完全打败,工厂面临解散。面对如此大的压力,我的思想斗争极为激烈。是老乐的榜样让我决定支撑下去:团结全厂工人和技术人员,从计算机系引进了两项单片机技术,用短短三年时间扭亏为盈。这让我第一次亲身体会到复旦的内在力量是优秀的人力资源。

(2) 我是幸运的:1983年我在第三食堂就餐时,多次见到了沙麟老师。因为已经到了下午一时,食堂里只有我们二人,自然就坐到一起边吃边聊。我知道他刚从国外做访问学者回来,他也知道我在为工厂扭亏尽力努力。1983年,谢希德先生出任校长,由她从北大带来的沙麟老师出任科技处处长,兼任科技服务部主任,负责组建科技开发总公司,并担任总经理。不久,组织上就调我到了科技服务部任副主任,并参与总公司的组建工作。到任后,沙老师找我谈话,我才知道是他把我推荐给谢校长和党委。我的主要任务是协助他组织院系创收。对我来说,这一挑战是空前的,压力之大,使我半年就患上了高血压症。在党委林克书记和强连庆副校长的直接领导下,依靠院系部处和广大教职工的共同努力,短短三年时间,全校科技服务收入从200万元上升到1 000万元,让院系和机关等4 000人的奖酬金收入达到1 350元,相当于当时月平均工资135元的10倍。大大超过了上海市决定的年人均奖金从72元增加到540元的目标。科技服务酬金是因为当时高教局组织召开了上海高校科技服务政策研究会,从上海市财政局、税务局争取到了优惠政策。这段经历让我体会到复旦大学校领导的高水平和务实精神,以及院系部处中层干部和广大教职工的巨大能量。

(3) 老领导叶家瑳同志推荐我接任他的经管办工作。叶老师调入复旦后,先后担任生产物资处副处长、科技处副处长兼科技服务部主任、财务处处长和经管办主任,不幸患病需要离职休养。因为我们有多年工作上的接触,所以他向校方推荐我接任他的工作。

当时学校的经济活动非常活跃,许多工作正在规范之中。这个一个人的机构就是要把没有纳入规范的工作管起来。我接手后,第一就是主动争取学校领导的支持:成立了以强连庆和汪幼兰两位副校长为正副组长的经济管理领导小组,经管办就是办事机构,1992年起由严绍宗副校长领导。第二是把全校各部门的收入分配规范化。第三是对于由各种渠道批准成立的公司,经过清理整顿后成立了校办企业管理委员会和校产办。第四是在纪委书记统一领导下,把纪委、监察处、审计处和经管办四个部门的工作加以协调,以完善制度为先导,通过依法审计,把可能违纪违法的经济行为减少到最低限度。我们还做了工资总额包干试点、劳动服务公司整顿和人事分配制度改革等工作。这段时间对我是极大的挑战和极好的锻炼。所有事情都必须依靠领导和有关部门的全力合作，我深刻体会到复旦干部识大体、顾大局的高尚品格。

（4）1994年12月，在得到严绍宗副校长的同意后，我以一般干部的身份到教务处工作，因为我感觉在复旦大学培养人才最有意义，而复旦大学的本科教育最有条件创建世界一流。在人事分配制度改革方案制订工作中认识的陈建新副处长真诚欢迎我。果然，到教务处以后，陈处长就安排我做他领导的创办理科班和教材建设两项工作，后来扩大为创建文理科基地班和课程教材工作。1995—1999年的五年里，我紧紧依靠学校各处、学工部、招生办和各院系领导，发动教师、学生、导师、辅导员和教务员一起参与。从方案制订到实施，还举办每月一次的教学沙龙，专题研讨，集思广益。1999年年底，我申请高等教育研究员得到通过。表面上看，这是对我个人工作的认可，其实我心里很清楚，这是无数人五年来共同努力所取得的。

**四、思想是王牌**

任何行动都受思想的支配。我一生得益于三种学科。一是数学学科。我从小喜欢数学，大学也选了数学专业。首先，逻辑思维时刻在指导着我的行动。数学定理是条件与结论的相互制约，所以我在确定目标时必定要分析达到目标的条件是不是具备。其次是数学建模的思想，即一切归结于正确地提出问题和解决问题。再次是尽可能进行定量分析。最后是思考工作或者问题的复杂性，即简单问题不要复杂化，复杂问题不要简单化。二是哲学学科。一进复旦，我就听了曹沛霖老师上的马克思主义哲学课，我们数学系的学生很容易接受。在实际工作和生活中，用得最多的是一分为二、外因通过内因起作用和动机与效果相一致等，尤其是任何事物在一定条件下是可以变化的，这就为克服困难树立了信心。三是计算机学科。计算机专业的程序设计的学习，给我的启发是做任何事都必须有明确的步骤，以及并行处理以加快工作进度，这就可以提高执行力。在学习了自动控制理论以后，我认识到工作计划在实施中要及时修正目标和实施进度。还有就是要不断提高自己的思想修养，严于律己：工作不求最好，但求更好；对社会付出要多于索取；在和他人的合作中要想到合作者的利益；永怀感恩之心，记住别人对我的好。

20 世纪 70 年代初，复旦大学进了上千名"小青工"。名为高中毕业生，实际上只有小学文化水平。计算机系系主任何永保老师和乐伦富等为了满足工作需要，决定开办职工业余中专班，为实验室和校办工厂培养一批技术工人。我受聘担任教学管理者、班主任和数学教师。师生和管理人员全部利用业余时间进行教与学。任课老师每节课给七角钱，其他人员一概尽义务。前后四年，计算机、电子学和机械三个专业办了两届，共毕业了一百余人。他们大部分转入干部编制，其中一部分获得中级职称或科级职级，有几位获得副高职称或处级职级。这是我留校以后为学校培养的人才，内心充满喜悦。

再讲一下我为三位老师争教授的事。我的毕业论文指导老师尚汉冀获得了首届国家科技进步奖一等奖，但是通不过教授评审。在千岛湖的全校科技工作会议上，我说，中央关于科技改革的决定明确提出：科学技术要面向经济建设主战场，复旦大学应该贯彻。会后，学校为此专门下达了一个正高的名额给尚汉冀老师。我在教务处做教材建设工作时，谢希德校长提出：文科要学些理科课程，理科也要学些文科课程。化学系刘旦初老师开设的"化学与人类"课程深受学生欢迎，于是教务处请他编写教材。教材出版以后，他申请教授没有通过。我感到本科基础教育应该得到学校的足够重视,于是多次请求,处领导终于争取到每年有 2～3 个正高名额用于基础教学。这样,第一次下达指标的一个名额就给了刘老师,并由此带动了一批基础教材的出版。物理实验室的陆申龙老师长期担任实验室主任,他们实验室花很多精力开设的自设计实验课深受学生欢迎,其中一部分实验仪器转让给工厂投产,推广到全国高校。在我的强烈请求下,陆老师退休时终于获得了正高职称。老师们都非常看重职称晋升,学校应该尽量把好钢用在刀刃上。

结语:①我个人的成功离不开社会。天时:正逢我们国家走向和平与发展。地利:生活和工作在上海和复旦大学。人和:良好的人文环境。②树立正确的人生观、价值观和世界观。个人要积极适应社会的变化,融入社会;努力使自己对社会有更多的贡献;相信和平与发展是社会的主题,实践是检验真理的唯一标准。③努力增强自己的本领。做每一件工作,不求最好,但求更好。事前认真思考,制定可行的目标和有效的措施。努力提高执行力,相信办法总比困难多。④在工作中紧紧依靠每一位相关人员,合作中首先想到的是对方的利益。总之,我一辈子是为自己铺一条可以前行的道路,同时努力为同行者铺平前行的道路,这条路也是社会和平发展的道路。

# 家驹人生感悟之五

八十感怀,和同龄人交流:身心健康,家庭幸福,怀念往事,服务社会。

## 一、身心健康

努力保持正常的新陈代谢:睡得好,吃得下,拉得出,做得动。

坚持进行适合自己的运动:每天步行三千米,六千步,尽量走平地,注意安全和不伤关节。

坚持做家务,如买汏烧,既动脑又动手,吃得健康。

按摩穴位,贯通经络。

与病共存,树立有严重心血管疾病家族遗传史仍然可以长寿的信心:定期体检,按时服药,请教名医,相信科学。

保持乐观心态,开开心心过好每一天。

## 二、家庭幸福

尊老爱幼、夫妻和睦是总则。

我十岁时,父亲突发脑出血去世,我遇到了人生三大悲剧之一,不到四十岁的母亲挑起了养育四个儿女的重担。幸好她有一张中等师范的文凭,参加了三个月的师资培训后,到私立小学任教,有了每月80元的收入。由于两位哥哥主要在外地上学和工作,都在上海家里只住了三年。我带着妹妹上小学,帮助做家务,从小学会了买汰烧。母亲工作繁忙,健康状况也不好,于是我养成了处理好学习工作和做家务两者关系的良好习惯。

我读大学时,学校规定大学生不准谈恋爱。作为一名学生干部,必须以身作则。我留校工作一年后,"文革"开始,在家时间多了,有幸看上了一位邻家小妹妹。我锲而不舍,追了十年,终于修成正果。我们1976年成婚,次年育下一女。妻子中学学历,但是聪明好学,而且能干,做过财务、审计工作,还担任过商店经理。岳父母都是中学老师,也为女儿的成长形成了有利环境。我们两家住在一条弄堂里,互相照顾,也减轻了生活压力。我在大学工作,收入属中等,妻子工资是偏低的,这养成了我们节约的习惯。

一个女儿成了全家的重心。由于我们两家老师多,懂得点教育,孩子顺利地上了比较好的幼儿园、小学、中学和大学。女儿从小养成了自主、自立、自律的良好习惯。家里只花了一张机票的钱,她用自己的能力取得了海外名校的博士学位。

我在复旦大学的工作持续到2012年6月,返聘达11年,为我的"复旦大学本科教育达到世界一流"的梦想多出一份力创造了客观条件。我们的第一个外孙女在2012年5月出生。2012年至2019年,我们夫妻每半年去一次女儿家,帮助带大了两个外孙女。2023年,我们第十次去女儿家时,老大已经上了中学,老二小学即将毕业。现在两个孩子都已经进入当地最有名的两所中学。

我在1950年到上海,至今住了三个地方。四川北路的第一个家是弄堂房子,二层楼的一个门洞里住了六户,合用一个厨卫。我家住在底楼的一室半，老鼠满地跑。1992 年 10 月，我把旧房交给学校，按规定分配到水电路一套煤卫独用的 72 平方米的三房一厅，真正体会到了什么叫小康生活。从此我精心养护，打算在此养老终生。2024 年喜从天降：女儿出资三分之二，帮我们买了一套三房二厅二卫 132 平方米的二手商品房。我想这应该可以算是中国当今富裕家庭的住房标准了吧？当然，我最开心的是以后女儿一家四口回到上海就可以住在一起了。

家庭幸福应该包括物质和精神两个方面。物质条件是基础，精神是最高境界，这都要靠全家人合力营造。我深深地感谢父母、妻子和孩子们，是你们给了我幸福的一生。

### 三、怀念往事

我要感恩帮助过我的人。

1950 年秋，我插班进入虹口区私立江声小学，遇到林健根班主任兼数学老师。我一辈子都记得林老师。他让我喜欢上了数学，一直努力到考进复旦大学数学专业。我毕业时，他考进了华东师范大学。

1954 年，我有幸考进复兴中学，加入了少年儿童队。1956 年，辅导员朱修立和谢军飞介绍我加入了中国新民主主义青年团，帮助我在各方面迅速成长起来。两位辅导员都很优秀：一位成了中国画画家，一位哈军工毕业后在部队院校任职。

1957 年的升学率很低，不过我总算还是升入了复兴高中，并在四班担任了三年团支书。年轻的党员班主任给了我许多指导和帮助。任教老师都很优秀：赖云林，宗震益……姚晶校长亲自为我班开设三角函数和平面解析几何两门课，我获益匪浅。

1960 年，复兴成为复旦大学附中。我有机会跟随姚校长见到了大数学家苏步青教授，决定报考复旦大学数学专业。

1960年9月,我考进了复旦大学数学系。在五年的学习中,入学时的年级支部书记李老师和毕业时的辅导员罗老师对我的帮助让我永远记住了他们。我先后担任了年级团总支委员、系学生会副主席。五年级时按团中央轮岗指示,当了学习小组长,体验一下学生干部也要能上能下。中华人民共和国成立初期,实行免费教育,但是升学率很低。名校、名师的教育加上学生本人的努力,即使起步慢了些,也是可以追上来的。

1965年8月,我从复旦大学数学系毕业留校,立即到原上海县梅陇公社华二大队参加社教工作。复旦派出的工作队长周振汉同志给我留下了深刻印象:在他的带领下,很快查清了华二大队领导中存在的严重经济问题。这也提高了我的发现问题和处理问题的能力。因形势发生变化,次年1月,我们匆匆返校接受新任务。直到1994年我到教务处工作时,他担任了经济学院副院长,退休后又担任离休干部支部书记。我特地到他家看望了他。

1968年,我在数学系主动报名参加教育革命,来自上钢五厂的工宣队宋师傅任命我担任由六人参加的印刷电路板制作小组组长,他亲自动手把608大教室改建成工场。这一做就是三年,我不仅顺利完成了制作任务,还学到了许多实际工作的本领,受益匪浅。

1971年4月,我们数学系部分教师划入四一工厂整机车间计算机生产线,工作地点搬到200号二楼。三年后我取得了参加计算机设计和制作的资格,上面分配我做集成电路布线和计算机磁芯存储器的设计和制作,顶头上司是70级的张玲琍。现在想来,我们数学系的老师和学生真行:边干边学,设计和制造了数字程控线切割机和小型多功能电子计算机。

1975年9月,计算机系成立,我成了第一批教师,后被安排去"五七干校"半年,有幸和何永保、方林虎、郭有思、俞承方等一起学习、劳动和生活。

1978年年底,计算机厂成立,乐伦富任厂长,我任技术副厂长,生产DJS-130小型功能计算机。大学时代的学习榜样来到了身边,我亲眼看到他把工厂管理得井井有条,对职工非常有亲和力。他和何永保老师创办了业余中专,培养了一批工人技术骨干。想不到三年后他奉调离开,让我主持工作,此时又因进口产品的冲击,主打产品完全卖不掉。是老乐的榜样使我下决心撑下去。在他打下的基础上,三年后工厂扭亏为盈。虽然他在去年九十高龄时已经离开我们,但他永远活在我的心中。

**我的伯乐——沙麟老师**。1983年,我正在为计算机厂扭亏奋斗,在食堂午餐时认识了从国外做访问学者归来的沙老师,因而彼此有所了解。当年他出任科技处处长兼科技服务部主任。当时,上海市为改变"造原子弹不如卖茶叶蛋"的状况,决定把高校教职工的奖金从每人每年72元提高到600元,同时规定资金来源于同级财政。由于复旦是部属高校,上级财政不同意拨付,因此学校决定抽调干部自行组织增加科技服务创收。我奉调担任科技服务部副主任后,沙老师告诉我,是他把我推荐给了校领导。

我几度陪同电光源专家蔡祖泉师傅到绍兴电子管厂转让节能灯技术,同行的还有林克书记和强连庆副校长。正是由于学校领导和专家教授的亲力亲为和院系教职工的共同努力,我们仅用三年时间就把科技服务年收入从200万元增加到1 000万元,党政领导联席每个学期一次让我去汇报科技服务创收情况和收入分配方案。上海市高教局科技服务办公室主任包芝伦组织成立了上海高校科技服务政策研究会,由他亲任会长,复旦是副会长单位。我们多次走访了市财政局和税务局,争取到了许多优惠政策。可喜的是财政局同意我们可以从科技服务毛收入中提取30%的劳务酬金,由此我们各院系和校机关可以得到700多元的年人均纯收入。

1984年11月,沙麟兼任复旦大学科技开发总公司总经理,我的兼职是总经理办公室主任和下属生物技术公司经理。在科技服务工作中,我认识了生命科学学院副院长李致勋教授,就请他担任公司顾问。任大明教授有一项肌苷酸新菌种成果,经李宗林老师中试和工程设计后,在安徽合作建设了一个新厂,学校获得了60万元的转让费。三位老师帮了我的大忙。

三任统战部部长的关爱。1988年,学校统战部部长突然送我一张上海市侨联"四引进积极分子"的奖状和一支英雄金笔的奖品。我才想起来,1986年,我为学校引进了香港海裕公司30万美元,成立了上海华裕科学技术有限公司。原来张才庚部长直接申报了这个奖项,让我既意外又感动。1993年,我所任职的经济管理办公室被撤销。当我处于待岗之时,鄂基瑞部长找到我,说学校党委推荐我去市人民检察院任职。这真是个意外!经过反复思考,我没有接受这份好意,但是我永远记住了鄂部长。在担任《复旦大学百年志》编写组负责人时,他又推荐我成为五人组成员。第三位是张宏莲部长兼机关总支书记,先后推荐我担任学校分房委员会常委、机关工会副主席和主席。

二度领导我的严绍宗副校长。1991年,严副校长开始分管只有我一个人任职的经济管理办公室。因为这个方面需要他审批的事情比较多,加之他吸烟,所以他的临时办公地点就来到了平房里(校长办公楼禁烟)。和校领导一起办公,可能在复旦历史上也是绝无仅有的吧?有两件事情至今难忘,因为受益匪浅。第一件是全校人事分配制度改革方案制订中他对我的启发和指导,第二件是他在劳动服务公司清理整顿中表现出的责任性。

1994年,我向严副校长提出,希望到他分管的教务处工作,在基层一线为复旦本科教育建成世界一流出一份力。1994年12月,我来到教务处,作为一般工作人员,处里安排我的工作是课程教材建设和办文理科基地班。在这里,我又一次看到严副校长凡事亲力亲为的独特风格:在莫干山本科教学工作会议上,学校决定重点建设量大面广的五门课程,他亲自主持数学课程建设,并直接开座谈会讨论决定理科基地班的主要任课老师,还让招生办拿出近半名额招收基地班学生。

限于篇幅,这里只能介绍一部分帮助过我的人。往事历历在目,我庆幸自己得到的关心、帮助和指导,真的是无微不至。感恩之心,永志不忘!

### 四、服务社会

2012年6月,我71周岁之时,主动要求离开复旦工作岗位——我的第一个外孙女诞生了,远在海外的女儿希望我们老两口去帮忙。当然,有关政策也规定:返聘以70岁为限。我最后一年的返聘费是以讲座酬金名义发的。

在教务处工作的18年,使我深深地爱上了教育。关注教育、关心学生已经成了生活中不可或缺的一部分。从2012年6月起,我利用在中美两地轮流居住的有利条件,进行两国在教育、人才和高科技等领域的比较研究,并将取得的成果以建言的方式提供给复旦大学和有关方面。

我在教务处工作时,发现同样高分考入复旦的高中生,进校以后在各个方面都拉开了不小的差距。究其原因,与他们在高中阶段打下的基础有很大的关系。刚好97级文科基地班的高骐同学在金山区教育局挂职任副局长,我建议以"大学-高中融合育人"开展研讨和实践。

2019年1月26日,以"新时代大学-高中融合育人"为主题的复旦-金山教育发展论坛在金山中学举行,复旦大学统战部部长赵东元院士在会上做了主旨演讲。同年6月,我回到上海以后,立即会同几位复旦老师,与金山区教育局、金山中学实施"大学-高中融合育人"课题。我应邀为金山中学学生做了"大学需要怎样的高中生"的讲座,并向金山区教育局和四所高中的干部和教师赠送由复旦大学陆立强老师编著的通识教育核心课程教材《让数据告诉你》……

应复兴高级中学陆磐良校长邀请,2021—2024年,在学校党委统战部和知联会的大力支持下,我和马世红等十位复旦大学老师在复兴高中实施"大学-高中融合育人"课题,也为2024年复兴重新成为复旦大学的附中做出了贡献。在复旦大学委派的薛校长到任后,此项课题将继续实施。11月,我已为高一新生做了"成才之路"讲座。

为社区服务。2012年6月,我离开复旦大学工作岗位之时,我所居住的凉城街道复旦居民小区刘书记登门拜访。我提出了依靠复旦教职工做好社区工作的建议,小区党总支立即召开座谈会听取意见。时任上海市委书记韩正指示要实施居民自治。在充分酝酿的基础上,由小区部分老师自愿组成的"老教师议事会"成立了。十年来,在小区党总支的领导下,议事会得到了区和街道的重视以及复旦大学退休处的关心。议事会坚持每月活动一次,为社区工作提建议、办实事。在复旦财务处领导的支持下,我也办成了一件实事——更新了安装在小区内的中国银行ATM机。今年我虽然搬离了小区,但在我的恳切请求下,仍保留了议事会成员资格。

老有所养,老有所医,老有所学,老有所为。与同龄人共勉!

2024年12月于中虹花园新居

# 我的家乡柏墅方村

## 一、童年时期的柏墅方村

1941年3月13日,我出生在浙江省宁波原镇海县柏墅方村仁二房,抗战时期逃难到石浦,后来住在宁波市区江北岸。1948年秋,我回到老家入读培玉小学。培玉小学是方家人于1906年出资开办的现代学校,方家后代人可以免费入学。我的父亲在上海打工,收入有限。我们兄妹四人,仅有小妹随父母住在上海,其余兄弟三人随外婆住在老家旧宅,都在培玉小学就读。

我在培玉小学读了两年半,只记得两件事:一是每天上学要走几十分钟,经过大方桥和一个叫南沼的池塘,一路的稻田里有人在捉黄鳝和青蛙。到了秋天,池塘的水会被抽干,许多人下去抓鱼,我们这些小学生都看得忘记了回家。二是学习的每一门课一定要及格,因为期末发成绩报告单时,班主任会带上戒尺,不及格的学生要被打手心。至于学了什么,现在毫无印象。

留在我记忆中的老家只有短暂的两年半。时间虽短,但是印象深刻。

一是我家祖宅非常之大。仁二房占地五十亩,因为有六代祖上当官，所以建筑规格很高。不过实际居住的人不多，多数后代外出经商或者打工去了。高高的东墙被台风吹倒，也没钱修复。二是平日冷冷清清的大屋只有到了农历新年才能看到热闹的景象：平时空关的大门和仪门内十分气派的正厅和东西两个侧厅大门大开，供起了历代祖先的画像。大人们点起香烛，送上供品，住在大宅内的子孙后代三拜九叩首。我们这些小孩最开心了，因为吃到了供品，拿到了压岁钱。

1949年，我站在家东门外，亲眼看着解放军浩浩荡荡开往前线。当时舟山尚未解放，宁波老江桥天天遭到轰炸。

1950年春节后，父亲让我从老家来到上海，我便在父母身边了。

### 二、宁波方家是炎黄子孙，忠良后代

2017年，我的外甥范皓送我一本《镇海柏墅方氏家族研究》（浙江大学出版社2014年第一版），作者方煜东先生是宁波市一位研究地域文化的青年学者。2023年我们建立了联系，同年10月应我的请求，他赠我两本签名书，我留存一册，另一册代为赠予时任镇海区委书记。

这本专著的主要依据之一是现在仍保存在宁波天一阁的《镇海柏墅方氏重修宗谱》，该书卷首即载："方氏之姓，远出于唐虞，其可考者神农氏榆冈之裔曰方雷。"方雷是方氏的始祖，他是神农炎帝榆冈子的长子，炎帝姓姜，故方雷原名姜雷。"姜雷睿智骁勇，助轩辕破蚩尤，平僭叛，并将帝位逊让给轩辕黄帝，促成了华夏的统一。"

我十分认真地研读了这本专著，逐渐认识到我们柏墅方氏家族的厚重历史和对我国近代工商金融业的贡献。

《镇海柏墅方氏重修宗谱》载："我郡方氏始自宋太庙斋郎、右正言轸。"方轸，原名堂，字克载，生于北宋嘉祐戊戌年（1058），卒于绍兴丙辰年（1136），元符间庚辰（1100）进士，官太庙斋郎，右正言。

方轸是历史上有名的忠直之士,因弹劾蔡京,反复多次,官终鄞县县令。

方轸作为"金紫六桂"方氏宁波始祖,其后代大多寓居三北(原镇北、慈北、姚北)一带。

### 三、镇海柏墅方氏家族的发展脉络

柏墅方氏世系辈分排行为:友广闻礼明廷,宗上元亨仁义。积善之家必有余庆,资富能训惟以永年。至今传至之、家、必、有等辈,可知从明代万历年间友一公迁居柏墅以来,已历十七八世。

(1) 前期默默无闻。隆庆元年为柏墅方氏迁居之年,即公元1567年。今考察家谱世略,其后120年,在其第九世元字辈之前可谓没有一个闻人,就连一个秀才都没有出过。因此在最初的一百年间,柏墅方氏过得默默无闻。

(2) 中期学习观察。代表人物是方元祺(1743—1810)。他是一位有一定文化的乡村塾师,在离柏墅十余里远的万嘉桥设私塾,以教师为业。面对村民因海运贸易发迹的情况,他和家人留心观察,虚心请教,从而对南北贸易情况及相关过程有了全面的了解。他的次子亨宁成为方氏家族第一位在上海的创业者,从此开始了柏墅方氏家族长达百余年的兴盛之路。

(3) 后期经商发家。在自嘉庆初年至民国末的长达140余年的历史长河中,方氏家族前后五世(亨、仁、义、积、善)持续发展,创造了中国经商史上的一个奇迹。当时海内外对柏墅方氏家族有各种评价:宁波帮旅沪第一名门;宁波帮中发迹最早、实力最强、影响最大、持续时间最长的家族集团;上海宁波帮中最有权势和最负盛名的家族……

主要人物如下。

第一代经商创业代表人物：

方亨宁（1772—1840）。开设方泰和糖行，兼营南北货，为镇海方氏家族第一位在上海创业者。

方亨黉（1783—1840）。在上海开设方义和糖行，并以沪为基地，向津、汉、宁、杭等地发展，经营范围扩大至粮食、南北货、钱庄等。

第二代商界杰出代表人物：

方润斋（1808—1858）。先后创设数家钱庄，成为上海早期金融资本家。

方性斋（1823—1873）。仅于丝茶贸易一项，一二十年中，积赀数百万，累计超过一千万两银元。

第三代商界代表人物：

方黼臣（1824—1898），方樵苓（1870—？）。（略）

第四代商界主要代表人物：

方椒伯（1885—1998）。连任上海总商会两届副会长，1955 年任上海政协委员。

方季扬（1884—？）。被称誉为"金融巨子""钱业大王"。

第五代商界主要代表人物：

方液仙（1893—1940）。被誉为"国货大王"。抗战爆发后，因拒任日伪实业部长之职，被汪伪特务绑架杀害，年仅 47 岁。

方稼荪（1894—？）。创办复康钱庄，经营永丰渔轮、生泰典当等。20 世纪 30 年代初拥有资产 250 万元。

方之藩（1908—1968）。先后赴日、德留学攻读博士学位。1939 年回国后从事化工和西药研究和生产，新中国成立后当选上海市人大代表。

## 四、仁二房中我家的上代

九世元棋，生三子，亨璜、亨宁、亨祈。

十世亨宁（诰赠通奉大夫累赠资政大夫），生二子，仁高、仁域。

十一世仁高（官名乔，诰封通奉大夫累封资政大夫），生三子，义镛、义钧、义铭。

十二世义镛（官名桂，举人，诰授中宪大夫晋赠资政大夫），生四子，积球、积琳、积琅、积。

十三世积球，生三子，善尧、善境、善埍。

十四世善尧，生二子，之椿、之权。

成功的民族工商业者方善埍，是我先祖父的弟弟，我们称他为三阿爷。他在上海经商做实业，还在青岛开办了火柴厂，由其长子经营。他注重对子女的教育，并扩大至侄儿、侄女乃至配偶。侄子之椿夫妻（我的父母）都得到中等职业教育。1951年9月，我父亲之椿突发脑出血去世，母亲因为有中师文凭，在接受三个月短期培训后，即入职小学任教，以其收入养大了我们兄妹四人。善埍先生在新中国成立后当选上海市长宁区政协委员。

## 五、续写家谱

1949年新中国成立，提倡男女平等，并实行计划生育。

十五世之椿，生三男一女，家骏、家骐、家驹，家经（女）。

十六世家骏，生一子，嵘。家骐，生二子，峥、嵛。家驹，生一女，漪。家经，生一子，范皓。

十七世峥，生一女，有卉。嵘，生二子，有嘉、有乐。嵛，生二女，冯有菡、有滢。漪，生二女，邵雅辰、邵雅彤。范皓，生一女，范若鸿。

## 六、柏墅方后代走向海内外，人才辈出

与我家相熟的有：(1)方之勤，在上海开设医馆，我的父亲生前在此就医。(2)方之熙，在复旦大学与我共事多年，现已从英特尔领导岗位退休，2023年9月，我们重新建立了联系。(3)大表哥方之昊，新中国成立前就参干，从舟山市委宣传部到担任市人大副主任。现在九十高龄，已经离休。

## 七、我和培玉小学

### 培玉小学组织机构沿革

校址：原骆驼镇柏墅方村。

培玉学堂（培玉小学）前身是柏墅方族人所办的义塾，里面有藏书数十万册的藏书楼，名为"烟霞万古楼方"。开始有宝善义庄办的敬义私塾，后来有余庆堂办的方氏师范堂义塾。族内子弟参加镇海县试、宁波府试、浙江省试等，义庄负责给他们提供资助。义塾请了清举人教书，学的是《三字经》《论语》《孟子》《大学》《中庸》等课程。

民国《镇海县志》卷十一记载："方氏培玉两等学堂，光绪三十二年（1906）方舜年、方积钰等创办。"拨方氏义塾师范堂公款银80 000余元，特建新舍并充办学经费，方椒伯为首任校长。有史料显示，方舜年捐资银2 000元，获四等嘉禾章。方积钰、方启新、方积驭、方积駉、方积储、方积骝、方积骐、方善长等各捐银4821元，各获金色二等褒章。方黄氏捐银5 000元，获一等褒奖，并受赠匾额一块。1922年，方絜之、方稼荪又捐银5 000元助学，附设高小。

民国时期曾聘请奉化宿儒江五民为校长。学校以从严治学闻名，重

视教学质量。其图书典籍、仪器设备,远远高出县内外高等小学教学水准。

《时事公报》1926年6月13日报道:培玉学校添设初中补习班。授以初级中学第一年之课程,原为不便远出及愿意补习者设。抗战期间还曾附设"镇海县中江北分校"。

骆驼的培玉、庄市的中兴、城关的便蒙、小港的养正并称为镇海四大名校。慕名前来求读的学生遍及沪、甬及镇海和三北地区。

培玉学堂最早的校舍为法国式建筑,虽是两层楼,却气势恢宏,有巨大的拱形廊柱,明朗宽敞。砖是以红为主色的彩砖,木材是美国松。清水墙细密精致,屋檐下回廊环绕,简洁美观。

大礼堂的台上,挂着方家曾祖方樵苓公照片。学校二楼大会议室里有两样东西较为珍贵。一是历代皇帝的圣旨、对方家的册封诏书,约有三十多件,后都不知去向,近年闻镇海文管委收有二十余件;二是全套大开本二十四史,煌煌几百册,这在全国小学中几乎是绝无仅有的,就是在现在,中小学有全套国史的尚未知晓。

寝室有上海的通厢那么大,每间住着四人到六人。除了图书馆,还有仪器室和体育馆。操场分晴雨两部,校园在正屋的南面,种得最多的是冬青树。学校四周围墙,正面围墙上有一座中西合璧的门楼,就是学校的大门,大门是弧形的。

培玉学堂意寓培养像玉一样晶莹洁白的品德。玉不琢,不成器,延伸的意思就是人不学习,就不能树人。探究其命名用意,就是为了培养优秀的人才。培玉学堂创办人曾解释说:我之所以以"培玉"为名,这里面有个典故。《世说新语》记载,太傅谢安问谢家子侄们:"你们本来也不一定想从政,知道为什么老一辈总想培养你们成为优秀的子弟吗?"众人一时语塞,唯有车骑将军谢玄回答道:"这就好比芝兰和玉树,人们总是想让它们生长在自家的庭院里呀。""芝兰玉树"就是比喻有出息的子弟，而"培"的意思是培植，即修养习礼，如耕耘田地；陈述道理，如播撒种子；讲解学问，如耨田除草。《易经》说：蒙童时代宜培养纯正无邪的品质，这是造就圣人贤人的根本之道，因此，他把"培玉"二字悬挂在门额上，让后人记住要努力培养成跟玉一样晶莹洁白的品德。

许多名家、学者在此任过教和读过书。如唐弢从11岁开始从畈里塘古塘小学来到十几里外的培玉学堂读高小，还当过学生会会长。其他的名家还有毛思诚、江迥、陈子英等。

培玉学堂一直办到1956年由政府接管。历任校长有方椒伯、江五民、陈子英、罗公孟、罗世侨、罗亚珍、丁以云、费祥达、朱祥贵、潘启有、戴湖山、王启华、翁维根、罗昌兴、陈婉珍、王玲玮、胡欢法等。

1968年9月，改为骆驼公社培红学校，并附设初中班。王健华、韩金芳等老师分别在70年代、80年代担任校长。1982年被评为县"五讲四美"先进集体。1986年9月，恢复培玉校名，王玲玮老师任校长。

起初学校设5个年级5个班，1989年六年制后设6个班，学生181名，教职员工8名。学校占地面积4221平方米，建筑面积1425平方米。学生来自培红、田湖、刘杜等村庄，是骆驼镇中心下属的一所较规范完小，其间郑荷芬、李薇芬、李迪等老师曾任教导工作。

1997年9月，原幸福小学4～6年级并入，学生人数增至约250名，教师10名，胡欢法老师任负责人，周敏老师任教导主任。

1998年8月，撤并至骆驼实验学校。

这是骆驼实验学校现任书记精心收集历史资料而整理出来的，我特此引用，深表感谢。

我们兄弟三人先后在培玉小学就读，为一生成长打下了基础。

大哥方家骏（1937—2019）1948年从培玉毕业，考入效实初中部。

1951 年考入上海大公职校。1954 年从上海船舶制造学校毕业，入职武昌造船厂。不久国家将他调入二机部工作，担任中心实验室主任，1963 被破格提拔为工程师，为国防建设做出贡献。

二哥方家骐（1938—　）1950 年从培玉毕业，考入宁波一中。1956 年从上海复兴中学毕业，考入北京大学数学系直至研究生毕业，在华北计算所任职副总工程师，是我国第一代计算机专家，享受国务院特殊津贴。

老三方家驹在培玉上了两年半学，1950 年春到上海投奔父母。1965 年复旦大学毕业后留校工作。1999 年晋升高等教育研究员。

## 八、深深的乡情

我们决定让父母身后回到故里。我幼年之时，曾坐小船到神钟山脚下拜祖父母的坟墓。新中国成立后，得知净圆寺方丈将就近山上的坟墓均迁至寺院旁，集中重新安置。我们祖父母的新碑以我大哥方家骏之名重建。1987 年，我家三代十余人以二姑母为首，将我父母方之椿、刘文娥及叔叔方之权一起安放在神钟山大同公墓。每隔两三年，我们都要回到家乡祭扫。

2023 年我三次回到家乡。一是寻找培玉小学旧址。在外甥女翁云斐的努力下，我得到了骆驼实验学校领导的大力支持，目标是让培玉小学在 2026 年建校 120 周年之时，重新在家乡站立起来。二是在柏墅方社区选址建立"柏墅方历史文化馆"，让方家的海内外后人有机会回到家乡，重温祖辈的优良传统，关注家乡发展。镇海区从区局领导到骆驼街道和社区，主要领导都亲自接待了我们，支持我们的两项建议，现在都在进行中。我相信能在有生之年看到理想得到实现，在此对接待我们的各位家乡父母官表示衷心的感谢！

## 九、擦亮柏墅方这面镜子，竖起培玉小学这块牌子，以中华优秀传统文化建设现代化镇海——致家乡父老乡亲

（作者：复旦大学高等教育研究员方家驹）

少小离家白发归。看到老家镇海撤县建区以来的明显变化，我非常开心。在建设现代化国家的伟大进程中，更希望镇海走在全国的前列，我愿为此出谋献策。发展经济是一切工作的基础，充分就业和提高人民群众收入，可以使经济获得持续发展。民营经济一直是镇海、宁波乃至浙江的主力军。历史上，宁波帮为创立中国现代工商业和金融业立下了汗马功劳，而以两任上海总商会常务副会长方椒伯和国货大王、抗日烈士方液仙为杰出代表的柏墅方是宁波帮的领军家族。我们应以史为鉴，广纳贤才，大力发展民营经济，以九龙湖名胜风景区为突破口，以世界一流旅游胜地为榜样，综合规划旅游项目、旅馆酒店、餐饮夜市、商业一条街和畅通的交通设施，做好宣传工作，吸引上海、全国乃至全世界的游客。同时因地制宜制订全区的招商引资规划，通过互联网向各方优秀人才发出邀请。高水平发展的核心是人才。为吸引和留住优秀人才，必须做好生活设施和培养下一代的高质量的学校——从托儿所、幼儿园到小学和中学。1906年，有长远眼光的柏墅方先辈用十万两白银开办了现代理念的培玉小学，为家乡培育英才打下了扎实基础。这又是一份需发扬光大的珍贵的历史文化财富。特提出三项建议：第一，建设柏墅方历史文化馆。第二，编写培玉小学百年校史。第三，在2026年，以纪念培玉小学建校120周年为契机，举办镇海发展论坛，邀请海内外人士，为建设现代化的镇海规划宏伟蓝图。

## 十、积善之家，必有余庆

"积善之家，必有余庆"是柏墅方氏的家族核心文化之一，也是家族的辈分排行次序，更是家族的主要立世处事之道。积德行善本是中华民族的优良传统，也成了我的生活准则。以善良之心待人；对帮助过自己的人，牢记在心，并尽可能予以回报；看到他人有困难时，尽力给予帮助；尽力而为，量力而行。我深信"善有善报"。

感恩之心也应该成为我们的美德。第一，我十分感谢父母的养育之恩。我少年丧父，无以为报，故对母亲加倍照顾。二十多年里，母亲一个人辛苦地将我们兄妹四人抚养长大，培养出一个研究生、两个大学生、一个中专生，个个成家立业，各自都有美好的家庭。因为只有我一直和母亲同住，使我感到责任格外重大。我们夫妻尽自己所能，体贴招顾她。第二，对同学、同事、学生和朋友，我都以诚相待。记住他们对自己的好，心存感激之情。期盼我们的后人永远传承善良之心和感恩之情。

2024 年 12 月

# 住新居　忆往昔　展望未来

2024年10月，我们在上海第二次搬家。

1950年春节过后，我从浙江宁波来上海投奔父母，住在四川北路麦丰里，那是六家合用厨房、卫生间的公租房，建筑面积50余平方米。

1992年10月，我们搬入学校分配的凉城复旦居民小区三房一厅、煤卫独用的"售后公房"，建设面积72平方米，居住条件得到明显改善。

2024年，女儿出资给我们购买了一套面积132平方米的三房两厅两卫的二手商品房，居住条件大为改善。

2025年是我复旦毕业留校工作60周年，农历蛇年又是我的本命年。春节长假，我坐在女儿出钱、妻子出力装修一新的新居的沙发上，心潮澎湃。忆往昔，尽量把自己想说的往事表达。

## 一、可亲可敬的蒋培玉老师

多次看到陈望道老校长在校园里迈步，总有一位女老师陪伴，后来才知道她是蒋培玉老师。我们经常乘同一辆公交车上班——当年她住在东宝兴路，我住在麦丰里。我应邀去过她家，她也来过我家，我女儿亲切地称她为蒋阿婆。1984年我到科技服务部工作时，她已经担任校长办公室副主任了。她带我去见苏步青名誉校长，她的一项重要工作是照顾年事已高的苏老。蒋老师为人低调，待人和善，照顾两位复旦老校长尽心尽责。她是我心目中可敬可亲的长者。

## 二、谢希德校长亲自组织讨论成立旅游学专业

1983年，谢希德先生出任校长，提出复旦应成为一所综合性、研究型、高水平大学。我有幸受邀参加了一次由她亲自组织召开的历史系新建旅游学专业的小型会议，地点就在她的办公室。讨论很具体：要充分发挥我校历史系的优势。这个应用型的专业有三项任务：一是为国家开发新景点，既要有优美的风景，又要有深厚的历史文化；二是为各高校培养旅游专业师资；三是培养高素质的国家级导游。专业名称定为旅游学，隶属历史系。

这次会议给我留下了深刻印象：高水平，高效率。会议的决定很快得到落实。可惜的是，后来教育部在一次大规模撤并专业目录时，在听取国家旅游局的意见后，将该专业定为旅游管理专业，授管理学学士，这样学生就必须学习高等数学课程了。据说现在又放宽专业设置了，谢校长当年的决定是不是也应该得以实施呢？

## 三、内地高校首家中外合资公司

1984年11月，复旦大学科技开发总公司成立，第一单业务就是销售200台IBM 5550计算机。第一批到香港培训一周的机会竟然给了我和毛国威。我心想，领导为什么首先想到了我呢？哦，因为我有海外关系啊！我立刻回家问我的岳父，你在香港有当老板的亲戚？他想了一下说，有个外甥是一家中等上市公司的董事长。到香港以后，几经周折，我们见到了海裕航运公司的老板蔡世亮先生。听说我们是做计算机的，蔡先生就说他正想收购一家计算机公司，能不能帮他看看。于是内地高校

首家中外合资公司——上海华裕科学技术有限公司就这样成立了。

### 四、感谢人生引路人沙麟老师

2025年1月7日下午4时，我又见到了沙麟老师。40年过去了，89岁高龄的沙老师依然神采奕奕，谈笑风生。

1984年，时任复旦科技处处长兼科技服务部主任的沙老师把我推荐给了学校领导，并把我调到了他的身边，于是我开始了在校部处机关的工作，从科技服务、经济管理到本科生教育，有了为复旦做贡献的舞台。我这个普普通通的复旦人，深知自己的能力和智慧都是十分有限的。我想告诉我的朋友、学生和家人：人生成功，除了学历、能力以外，及时抓住机会并做出决定是何等重要！

是沙老师给予的机会让我改变了人生，在为社会做出贡献的同时，自身的职务从副科到副处，职称从中级到正高，内心充满感恩之情。

### 五、包处长和上海市高校科技服务政策研究会

20世纪80年代初，上海市高教局为贯彻中共中央关于科技体制改革的决定中科学技术要面向经济发展主战场的精神，成立了以包芝伦处长为主任的科技服务办公室。同时，联合上海市各高校的科技服务部，组成了上海市高校科技服务政策研究会。

包处长当年所做的工作给我留下了深刻的印象。

（1）首先带着我们走访了市工商局、税务局和财政局。工商局同意给各高校的科技服务部核发四技服务的营业执照；税务局同意四技服务免征营业税和所得税；财政局核准按科技服务总收入提取30％的劳务酬金、10％的管理费，纯收入的60％为奖励基金、40％为发展基金。科技服务的一系列优惠政策使高校教职工的收入大增，尤其是复旦、交大等这

些部属高校的奖金有了合法的来源。

（2）让复旦、交大等部属高校出面走访三个局，这三个局的主要领导都亲自出来接待了我们，我们的要求也完全被接受了。

（3）各高校每月轮流组织一次交流活动。由东道主做工作介绍，实地考察，并及时讨论大家碰到的困难。

（4）研究会请了一位刚退下的局领导担任顾问，包处长任会长，提名复旦为副会长。开始我很不理解：为什么不请交大呢？后来才知道，研究会认为复旦是文理综合性大学，科技服务创收能力不强，但是又相信复旦一定能够做好。实际情况是我们没有辜负包处长的期望。我们深知，包处长和研究会给了我们许多支持和启发。至今我还怀念包处长，他的音容笑貌常常浮现在我眼前。

## 六、林克书记推荐我担任学生咨询科技开发中心顾问

20世纪80年代，学校十分重视通过科技开发培养学生的社会服务能力，组织成立了复旦大学学生咨询科技开发中心，由党委副书记王华荣亲自指导，林克书记也很关心，让我担任中心的顾问。我在此期间认识了中心的三位经理潘皓波、余苏和陆雄文。闵昊副经理是一名硕士生，他研制的自动绣花机获莫斯科展金奖，在我任职计算机厂时就已经将产品专利转让给我们并投产。当年开办的学生自助商店现在已成为学生超市，当年的学生经理后来个个成才。1988年，我到经济管理办公室任职，学工部张德明部长的办公室和我相邻。他希望成立一个勤工助学办公室（简称勤办），使管理更加规范。我在协调有关部门后，勤办正式成立了，为以后学生勤工助学发展打下了基础。首任勤办主任后来担任了上海青年管理干部学院院长。我们学校的学工系统人才辈出。

## 七、华中一先生印象

(1) 20世纪80年代,我第一次参加校级工作会议——由华中一副校长主持的千岛湖科技工作会议。当时中共中央关于科技体制改革的文件明确提出:科学技术要面向经济发展主战场。复旦当时还是以基础研究为主,应用研究和技术开发刚起步,对获得国家科技进步一等奖的主要获奖老师应该晋升教授有不同意见。会议结束以后,我们看到的结果是:学校专门给了有关院系一个教授名额。这个决定使基础研究、应用研究和技术开发在复旦处于同等地位,也为我当时所做的科技服务工作创造了有利条件。

(2) 1988年的一天,华中一校长把我叫到了他的办公室,让我去经济管理办公室接替叶家瑨主任主持工作。当时学校经济活动非常活跃,都在为创收各显神通。对此,华校长态度十分明确:校门两边只能开农行和邮局两家,不准破墙开店。校园内,商业网店以三教以东为限。

(3) 华校长治校严谨众所周知。比如海报里的英语拼写有误,必须立即纠正。当时上海市正在打击投机倒把,我们听说即将公布的十大案例中有一例涉及复旦:我校劳动服务公司开发的"920"粗制品,每千克售价仅40元。但经一家科技公司包装为精制品,售价猛增至每千克一万余元。更可怕的是,如果"920"用到杂交水稻,将会颗粒无收。"著名高校""高科技""坑农",多么吸引眼球啊!我们得知以后,感觉问题严重,立即向华校长做了汇报。华校长指示我们,由张祥生总务长和我及生物学专家李致勋教授三人,带着他的亲笔检讨书,到市里去当面澄清。我们三人立即行动,赶往市纪委所在地,向主管部门送上检讨书并加以说明。因为复旦领导重视,态度诚恳,又非常及时,终于取得市里的谅解。此时我们还得知,关于此事,上海市人大已经有了一份内部简报。真的是吓出一身冷汗！

（4）华校长是一位科学家。他告诉大家，每周四他在实验室，请不要找他。他从电真空专家到纳米科学上海市首席专家，一生为科学。

（5）浓浓的人情味。华先生平易近人，每次和他相处，都可以畅所欲言，没有一点压力。他不担任领导职务以后，和我们就像普通朋友一样。我们请他给基地班做讲座，每请必到。

华先生走得太早了，很心疼。他永远在我心中！

## 八、复旦大学职工业余中专

2019年11月，数十位复旦大学职工业余中专师生欢聚复宣酒店，纪念办学40年。

1979年，计算机系何永保主任创办、生产物资处计算机工厂乐伦富厂长主持的复旦大学职工业余中专，在学校工会尚未恢复的情况下，经人事处领导口头同意，开学了！20世纪70年代，上级分配给学校近千名青年职工，他们是72至75届的高中毕业生。大家都知道，他们中学六年实际上收获的知识甚少。为了能够适应校办工厂和实验室工作，学校决定开办计算机、电子仪器和机械三个业余中专班。在动员报名时，讲明自愿和业余学习两条原则。任课教师也是业余、自愿的，每节课给讲课费七角。管理人员是义务的。生产物资处支付了教材费和讲课费。

办学历时四年，在大家的共同努力下，两届共60余名学生顺利毕业。此时工会的职工业余学校已经成立，并为学生们发了毕业证书。

不负所望，后来这些青年职工在各自的工作岗位上发挥了骨干作用。他们大部分转为干部编制，一部分被聘为中级职称或科长，个别为处级。有两位在取得成教本科学历后，被聘为高级工程师。在这四年里，我有幸担任数学教师、班主任，并参与教学管理工作，和大家建立了深厚的感情。我的体会是：要办好教育，学生愿意学、老师倾心教、领导肯担责三者缺一不可。

## 九、严字当头的严绍宗副校长

想不到我会在严副校长直接领导下，从经济管理办公室到教务处，工作达十年之久。

1991年，严绍宗出任副校长，分管本科教育和财务处。次年学校即增设经济管理办公室。

严校长烟瘾重，而校长办公楼禁烟，所以他上班时经常来地处平房的经管办，于是找他的人自然就都过来了。因为我们都来自数学系，原来也认识，所以他什么也不回避，好在我对香烟味并不过敏。我们数学系培养的人都经过严格的逻辑训练，办事一是一、二是二是的。严校长更是宣称"我姓严，办事严字当头"。举个例子，教师出差报销费用有严格标准。有些著名教授出席的会议安排在高档宾馆，住宿费超标部分，财务处要主管校长签字才能报销全部或部分。严校长真的是认真执行。有些教授就不高兴了：是学校让我去开会的呀！找到就不容易，让我报，有的还要自己出一小部分，还说是照顾。我看他还真得罪了一些人。

在朝夕相处中，他的处事能力和责任意识让我学到许多。举两个例子。第一个例子是国政系倪世雄副主任前来经管办反映：国际文化交流学院请国政系教师参与办班，只给教师发讲课费，系里没有任何收入，这使得系里奖金发放困难。因为事情涉及几个部门，我向严校长请示，经管办邀请有关部门一起商量方案报学校审定，于是各方应邀前来。经过认真协商，我们提出了根据双方所付出的人力和财力，按总收入划分比例到两个单位，再各自发放奖酬金的方案。由多个有关部门签字的报告送达校办后，校长会议顺利通过了。在一次校办召开的各单位会议上，校办顾树棠主任特别提到这件事：希望涉及几个单位的事，以后能在协商一致以后报告校办，这样就能很快在校长会议上获得通过。因为帮国政系解决了实际困难，倪世雄老师很开心。他对我说，以后你有什么需要，尽管告诉我。果然，后来我在教务处工作时，需要请各专业老师为基地班学生做讲座，倪老师随叫随到，而且他的丰富学识深深地吸引了同学。

第二个例子是在整顿学校相关公司时，我们发现劳动服务公司吸收了几十位下岗职工，三任经理不断向学校要钱。我在请示严校长后，决定好好帮助新任公司经理进行一次清理。在审计处的全力支持下，清查出公司经营不善，有大量滞销或报废的商品（如有 5 000 支已经报废的签字笔），还有许多长期收不回的应收款，累计损失竟达百万元之巨。经整顿，决定保留 pp 40 打印机产品和照相馆等有效益的项目，公司交由新成立的校产办统一管理。这件事给我的启示是下岗职工交由学校管理并非易事，也为后来的全校人事分配改革方案提供了新思路——各单位要尽量用增加教学、科研和社会服务的方式来安置富余人员。

在经管办撤销以后，我主动要求到严校长主管的教务处工作。他对我承担的创办基地班和教材课程建设工作都给了许多支持。当我 1999 年晋升正高时，他显得非常开心。

严校长的言传身教永远铭刻在我的心上。

## 十、"五七"干校结下的友谊

1975 年下半年，我轮到去崇明"五七"干校半年，所在的分队由计算机和电子工程两个系的教师组成。我第一次见到这些原属于物理系的老师，很快就熟悉了。两位队长是何永保和方林虎老师。何老师带头带领大家天天学习政治，方老师则组织我们干活。干校里有一大批外语培训班的学生,非常活跃。同一宿舍有年长的郭有思老师,以及69、70届的青年教师陈章龙和俞承方。有一个星期规定到农村插队劳动,自己开伙,队里安排我和俞承方当厨。半年很快过去了,然后我们回到各自岗位。

后来,两位队长都升了官。何永保任计算机系首任系主任;方林虎先任电子工程系主任,后任副校长,退休后又当了许多年的退教协会会长。郭有思老师回到普物实验室,请我在晚上为学生讲授 BASIC 语言,以用于处理实验数据。陈章龙老师在担任计算机实验室主任期间,将计算机组成实验的20台仪器交由我们加工,后来又移交批量生产。我到教务处工作期间,俞承方老师担任电子实验中心主任,承担了一门上海市重点课程建设项目,他的夫人岑美君任电教中心副主任,我们请她参加"21世纪大学英语"课程建设,首创电子版辅助教材。

为什么我不愿离开复旦这块宝地?因为复旦人才密布。无论你到哪个部门工作,一定会有人在最需要的时候来帮助你。这也是我为什么选这个题材作为此文的压轴。

## 十一、为复旦本科教育建成世界一流而尽力

(1) 1994年12月,学校同意我到教务处工作,在一线担任课程教材建设和创办文理科基地班工作。在教务处和院系领导的大力支持以及许多师生的共同努力下,工作取得了实效。我于1999年年底申请高等教育研究员,获得通过。感谢孙处长的推荐,感谢校外推荐人程天权和胡爱本两位同志。这五年我切身感受到,在复旦基层一线同样可以做成大事。

(2) 2001年3月退休后,蔡达峰、陆靖和陆昉三位处长先后返聘我在教务处处长室继续工作,前后共11年,让我有机会为实现理想而效力

复旦。2005年复旦大学百年校庆筹备期间,学校统战部鄂基瑞老部长让我参加了他领衔的《复旦大学百年志》五人编写组。教务处领导获悉以后,让我参与本专科教育篇的编写,我深感荣幸!

(3) 2012年6月,我离开了复旦工作岗位以后,来到美国西雅图,帮助女儿带大了两个外孙女。利用这个有利条件,我在观察和思考的同时,开展了关于中美两国在教育、人才和高科技等领域的比较研究,并以适当方式向有关方面提供建言。

(4) 包信和在复旦任常务副校长期间,让我参加了教指委会议和本科教育会议,并认真听取我的建议。他花了两年时间起草的复旦本科教育创世界一流的方案,在他调任中科大校长不久后,终于得到通过:时间明确定在2025年。令人欢欣鼓舞!

(5) 2023年2月,林伟出任教务处处长。我既感意外又高兴。他是当年首届数学基地班的留校优秀生,后来直升硕士研究生,兼任辅导员,按期毕业后继续攻读博士,之后留校工作担任学院副院长,从事脑科学研究……我一直关注着他的成长。现在,我期盼他在任职期间一切顺利!

感恩父母,给了我生命。

感恩新中国,给予我优质的免费教育。

感恩复旦大学,让我有报答社会的机会。

感谢岳父母,答应把女儿嫁给我。

感谢妻子,生了个好女儿,让我有了一个幸福的家庭。

感谢我的学生们,个个优秀,让我体会到做一名教育工作者的价值。

感谢所有帮助我、支持我的亲朋好友,是大家成就了我,让我有了今天的幸福!

展望未来，相信我们国家的教育现代化一定会如期实现。只要孩子们努力，都会成为社会有用之材。

相信我们国家的现代化目标一定会实现，老百姓的生活蒸蒸日上。只要坚持和平与发展，全人类都会幸福！

2025 年 2 月 4 日

# 附:方家驹简历

1954 年 9 月—1960 年 7 月　上海市复兴中学,中学生。

1960 年 9 月—1965 年 7 月　复旦大学(下同)数学专业,大学生。

1965 年 8 月—1971 年 3 月　数学系助教。

1971 年 4 月—1975 年 2 月　四一综合电子工厂计算机生产线助教。

1975 年 3 月—1978 年 11 月　计算机系助教。

1978 年 12 月—1984 年 6 月　生产物资处计算机工厂副厂长,1981 年主持工作,工程师。

1984 年 11 月—1986 年 2 月　科技服务部副主任。

1986 年 3 月—1991 年　科技服务处副处长,1988 年评为高级工程师。

1988 年 9 月—1991 年　经济管理办公室主持工作。

1991 年—1993 年 5 月　经济管理办公室主任。

1994 年 12 月—2001 年 3 月　教务处副处级调研员,1999 年评为高等教育研究员。

2001 年 4 月—2012 年 6 月　教务处处长室返聘,2005 年 9 月起兼任复旦学院专职导师。

# 后　　记

认识方家驹老师的时候,我一边读硕士,一边兼着 97 级文科基地班的辅导员。基地班在 20 世纪 90 年代初开办,是中央和教育部为在市场经济条件下加强文理基础学科的研究和教学人才培养而采取的有效措施。当时复旦文理科基地班由教务处的方老师全面负责,他为了这个特殊的教育实验事无巨细,亲力亲为。

20 年后,97 文基班聚会,和方老师重逢,他还是笑容可掬。作为高等教育研究员,他退而不休,不仅长期跟踪五届文理科基地班毕业生的发展,为高校教育改革提供鲜活的数据样板,还为一茬又一茬的新生开讲座。作为复旦教务系统的元老级人物,他提供的学习指南备受欢迎。此外,他还为复旦大学校史研究室的《校史通讯》撰写回忆文章。件件事情有条不紊,天天乐此不疲。

聚会时,方老师得知 97 文基班的高骐正在金山区教育局挂职锻炼,当即提起自己持续关注的"大学-高中融合育人"课题。方老师一直在复旦工作,深感高中和大学之间缺乏有效衔接,每年都能发现一些大一新生有学习困难。这也正是高骐和金山区教育局关注的问题,大家觉得有必要在金山中学举办一场论坛,借鉴中外经验,推动各界重视高中和大学教育融合衔接。高骐请市委统战部、市知识分子联谊会和金山区及教育局共同发起这次论坛。筹备期间,方老师几次直奔金山中学实地考察,与有关方面接洽会商,一个细节一个细节斟酌,全然忘记自己已年近八旬。论坛召开时,复旦大学赵东元院士亲临现场发言,极大地鼓舞了与会嘉宾和师生代表,将论坛推向了高潮。主办方请方老师录了一段视频,茶歇时循环播放,金山区教育局领导特别跟大家说明,论坛是复旦大学高等教育研究员、长期在教学一线为师生服务的方家驹先生最先提议推动的。我在现场,感念金山区教育局没忘记方老师。方老师管理校企也好,在教务处工作也好,几乎处处时时都在为他人作嫁衣裳,除了在一个部门的同事,鲜有人知道他这样的幕后英雄,默默铺路架桥,如工兵一样踏实靠谱,而荣耀归于复旦。即使我和方老师有过工作接触,也只是觉得他可亲可敬,毫无架子,并没留意他的职衔和闪亮的工作履历。

　　金山论坛引起了不小的反响,方老师的母校复兴高级中学联系他,也想实施高中-大学融合课题。当年复兴成为复旦大学附属中学以后,方老师作为该校高三学生代表,参加了时任复旦副校长苏步青教授召开的数学教学衔接座谈会,目睹了大数学家的风采,决定报考复旦数学系。时隔半个世纪,复旦数学系毕业的方老师,作为复兴老校友,回到母校,带来了诸多复旦好友,站在中学的讲台上,聚焦高中学生的痛点难点,为他们打开了STEM课程的高度和广度,丰富了高中生的视野,激发了他们的学习兴趣和信心。这个课题在复兴的实施得到了复旦统战部和知联会的大力支持。令人欣慰的是,虹口区教育局和复兴高级中学乘势而为,经过多方努力,恢复了复兴作为复旦附属中学的历史"名分"。方老师还是在幕后,孜孜不倦地做着推手。

　　论坛之后,得知方老师平时写东西都是在手机和平板电脑上一段段手写划拉出来的,组合、排版、校对比较费力,这对于我而言是举手之劳,便自告奋勇地做了方老师的业余文秘,也因此了解到方老师的职业发展路径和人生轨迹。他在复旦数学系学业有成,留校工作又经管有方,给改革开放之初的复旦教职工带来了令人羡慕的奖金收入。在几次大规模高校教改的浪潮中,他作为工作小组主力成员,深入教学一线,广泛调研,撰写的实施方案不但兼顾文理,达到了教改目标,又充满人性,减少了一刀切的改革阵痛。这样的人才自然被上海市相中。1993年,市委统战部要求复旦大学推荐一位上海市副检察长,复旦大学统战部鄂基瑞部长找方老师说:"校党委已经同意推荐你去市检察院工作。"因为方老师一心想参与复旦大学本科教育创世界一流,明确表示不愿意离开复旦。每当回忆起这一幕,方老师就说对不起鄂部长的一片好意,没有支持他的工作,后来复旦也未另推他人。

好像复旦到处都有方老师的影子。我曾路过凉城复旦教师宿舍区内一处中国银行ATM机,一位老先生说多亏老方四处努力,原来这也是方老师牵头,几位复旦教授一起呼吁特设的。凉城小区是个很大的社区,复旦教职工很多,当年手机支付还没兴起,为了方便小区居民尤其是老年人取款,方老师他们一次次与有关部门沟通协调,终于成功说动了中国银行。我甚至能想象方老师笑容可掬、一脸诚恳的交流状态。从我认识方老师起,他不笑不开口、不达目的不罢休的沟通风格就印在我脑子里。

复旦之外也处处有方老师。虽然他当年婉拒了到上海市任职的邀请,但对教育事业的贡献却未局限在复旦。改革开放初期,他代表复旦提供给上海市的高校自筹奖金方案,直接被各院校作为蓝本借鉴;20世纪80年代初,他临危受命,主持计算机工厂工作,带领50多名职工,三年扭亏为盈,年利润达到30多万元。20世纪80年代中期,他又到学校科技服务部门,三年创收从200万元到1000万元。他总是谦虚地说,靠的是林克书记和校领导的支持及院系教职工的共同努力。其间,方老师还帮助复旦引进外资,创立了高校第一家中外合资公司。当时学校给方老师和另一位老师赴香港考察一周的机会,外方是方老师岳父的亲戚,双方达成各出 30 万美元成立合资公司……方老师的经营管理能力得到校领导的充分肯定,此后一直在学校相关职能部门工作。20 世纪 90 年代,全国重点高校开设文理科基地班,方老师调到教务处任职,从基地班课程设计到师资配备,他负责从零开始一揽子铺开,直到这批学生毕业 20 多年了,方老师还每年对着花名册更新他们的履历……从复旦彻底退休后(教务处返聘了方老师 11 年),方老师利用经常往返中美,接触微软、谷歌这样的高新企业华人高知的机会,广泛了解美国高校在互联网时代、AI 时代人才培养的新动向,一轮又一轮地撰写考察报告,提供给复旦在职的同事们;又谨慎提笔,将多年考察心得致信上海市领导。苏步青校长曾开玩笑:要说复旦诗文写得好的,还看数学系。在整理方老师各类文稿时,我也叹服其用词之精,行文逻辑之清晰,言简意赅又不乏殷殷深意,方老师果然是自带复旦数学系气场。

我问过方老师,哪里来这么持久的动力和精力?甚至 80 多岁了,还思想活跃、行动活跃?

方老师从自己在新中国、新上海和复旦的成长讲起,讲到杨西光书记(1978 年被中央任命为《光明日报》总编辑,头版发表《实践是检验真理的唯一标准》,引发全国真理标准大讨论),讲到苏步青校长、林克书记、谢希德校长、沙麟处长(后任上海市副市长),讲到他有过工作交集的校领导和同事们,是大家深藏在骨子里、体现在工作中的爱国爱校情怀,让复旦蒸蒸日上……在方老师的眼里,他接触的每一位复旦人都那么可爱,都那么专业又敬业。有动力就有精力,方老师的答案就在他的这本书里。

方老师本意是将人生经历与感悟编本小册子,亲友间分享即可,起初只是托复旦大学出版社推荐可靠的印刷机构。严峰社长看了方老师的部分文字后，请编辑陆老师和方老师接洽，建议正式出版，这样能够惠及更多读者。这个消息令人振奋！方老师是一代复旦人的缩影，方家兄弟又是一代中国知识分子的缩影，读他们，也是读微观的复旦发展史、微观的新中国发展史。

  方老师让我来写后记，作为晚辈，诚惶诚恐，觉得自己完全不够分量。方老师鼓励我说，你是这部书稿的原始"串稿"人，通读过全篇，随便写写就好。我怎么敢随便写写？方老师有那么多院士、博导朋友和知己，怎么也轮不到我写后记呀！方老师一如既往笑眯眯地看着我，不达目标不罢休。

  这篇后记，只能算是我的读书笔记、读后感，是跟着方老师学习成长的心得体会。

  愿朋友们都有我这样的幸运，在复旦的某个转角，遇到方老师，遇到和方老师一样的李老师、王老师……

邹秀英

2025 年 2 月

图书在版编目(CIP)数据

铺路:方家驹人生回忆录/方家驹著. --上海：
复旦大学出版社,2025.7. -- ISBN 978-7-309-17978-1
Ⅰ. K825.46
中国国家版本馆 CIP 数据核字第 2025GU0879 号

**铺路：方家驹人生回忆录**
方家驹　著
责任编辑/陆俊杰

复旦大学出版社有限公司出版发行
上海市国权路 579 号　邮编：200433
网址：fupnet@fudanpress.com　　http://www.fudanpress.com
门市零售：86-21-65102580　　团体订购：86-21-65104505
出版部电话：86-21-65642845
上海四维数字图文有限公司

开本 787 毫米×960 毫米　1/16　印张 16.5　字数 198 千字
2025 年 7 月第 1 版
2025 年 7 月第 1 版第 1 次印刷

ISBN 978-7-309-17978-1/K·869
定价：68.00 元

如有印装质量问题,请向复旦大学出版社有限公司出版部调换。
版权所有　　侵权必究